KB160454

펫로스
사랑한다
사랑한다
사랑한다

펫로스
사랑한다
사랑한다
사랑한다

심웅희 지음

크록

추천의 말

'펫로스'라는 단어를 그저 떠올리는 것만으로도, 마음속에 거대한 파도가 일어나고 눈에서 눈물이 쏟아집니다. 이 거대한 파도에는 단순히 슬픔만 있는 것이 아닙니다. 미안함, 안타까움, 그리움, 죄책감, 경우에 따라서는 사회적으로 이해받지 못하는 박탈감까지…. '펫로스 증후군'이라는 단어 속에 함축된 감정은 너무도 크고 영원합니다. 거기에다가 남은 아이들에 대한 걱정도 있습니다. '내가 잘 하고 있는 것일까?'라는 불안감, 영원히 내 곁에 있어 주었으면 하는 애타는 간절함, 그럼에도 언젠가 반드시 찾아올 이별에 대한 두려움…. 이런 수많은 감정들이 섞여 파도가 되어 일어납니다.

심용희 수의사님의 〈펫로스 사랑한다 사랑한다 사랑한다〉는, 이렇게 소용돌이치는 '펫로스'라는 감정을 고운 참빗으로 조금씩 빗어내려 주는 책입니다. '지금 네가 느끼는 감정은 자연스러운 거야, 슬픔을 꾹꾹 참을 필요는 없어, 많이 사랑했기 때문에 그만큼 많이 슬픈 거야.'라고 따뜻하게 마음을 보듬어 줍니다. 하지만 그저 공감에만 호소하는 책은 아닙니다. 수의사로서 겪었던 많은 사례들과, 펫로스, 호스피스에 대한 선생님의 지식은 내가 겪어내는 감정의 파도가 무엇인지 다정하게 설명해 줍니다.

책을 읽다가 중간중간 눈물이 너무 쏟아지는 바람에 책장을 덮어야 했습니다. 그때마다 내 고양이들에게 다가가서 '고맙다, 사랑한다.' 말해 주었습니다. 책을 읽는 데 오랜 시간이 걸렸지만 모두 소중한 시간이었습니다. 쉽지 않은 주제에 대해 보석 같은 책을 써 주신, 심용희 수의사님께 감사드립니다.

웹툰 작가 서나래 님

"당신과 함께하게 될, 함께하고 있는, 또는 함께했던 그들에게 이야기해 주세요. 얼마나 사랑하는지를 들려주세요."

'펫 로스 증후군(pet loss 症候群)'은 "반려동물의 실종이나 죽음으로 상실감, 슬픔, 우울감, 절망감 등을 느끼는 현상(국립국어원, 새말모임 (2021.4.))"을 뜻합니다. 우리말로 다듬어 '반려동물 상실 증후군'이라고도 표현합니다. 이 책에서는 용어를 '펫로스(Pet-Loss)'로 통일했습니다.

프롤로그

반려동물을 생각하면 어떤 모습이 떠오르나요?

언제나 나를 향하는 맑고 큰 눈동자.
굳이 이름을 부르지 않아도, 꼬리를 흔들며 내게 달려오는 모습.
안아 올릴 때 느껴지는 따스함과 부드러움.
촉촉하고 말랑말랑한 발바닥.
간식을 달라거나 놀아달라고 보채는 모습.

우리는 귀여운 모습과 사랑스러운 행동에서 반려동물과 함께
하는 이유를 발견하곤 합니다. 또한 그들이 주는 무조건적인 사
랑과 순수함을 떠올리며 우리 삶에 주어지는 기쁨과 즐거움 그
리고 따스함에 감사합니다. 내가 다른 사람보다도 잘나지 않아
도, 그들의 눈에는 비친 내 모습은 늘 최고의 반려자겠죠.

세상을 살아가다 보면 다른 사람들과 공유하기 어려운 슬픔과

비밀이 생깁니다. 이런 숨겨진 이야기도 반려동물과는 공유할 수 있습니다. 우리는 그들 앞에서 긴장하지도 스스로를 꾸미지 않아도 되며, 진정한 나 자신의 모습으로 돌아가 우정과 사랑을 나눌 수 있습니다. 종을 넘어서 친구나 가족이 되는 것이죠.

하지만, 반려동물과 함께 지내는 데서 오는 행복은 역설을 품고 있습니다. 그들이 우리의 곁을 떠났을 때, 그 빈자리에서 크나큰 슬픔과 상실감이 생기기 때문입니다. 우리 삶을 특별하게 해주는 순수하고 사랑스러운 그들의 시간은 우리의 시간보다 빠르게 흘러갑니다. 특별한 경우가 아니라면, 반려동물의 마지막을 지켜봐야 하는 것이 보호자의 의무이자 숙명이죠. 이것이 얼마나 가슴 아픈 일인지 소중한 반려동물을 떠나보내거나 주변에서 펫로스를 겪는 이를 지켜본 사람들은 알 것입니다.

주인을 잃은 밥그릇, 방석 그리고 장난감

더 이상 느껴지지 않는, 새근거리던 숨소리와 포근했던 체온

적막한 집 안에서 느껴지는 길고 긴 하루

원치 않았던, 상상하고 싶지도 않았던 이별로 인해 감정의 갈피를 잡지 못하고 헤매다 보면, 몸과 마음이 깊숙이 가라앉아 일상생활조차 유지하기 어려워질 수 있습니다. 나 자신의 내부에서 또는 다른 사람들의 입에서 '잊어', '이겨내' 혹은 '큰일이 아니야'라는 이야기를 들을 수도 있습니다. 그러나 당신의 슬픔, 우울함 혹은 분노와 같이 부정적이라고 여겨지는 감정들은 당신이 얼마나 따스한 마음을 가진 사람인지, 또 떠나보낸 반려동물에 대한 사랑이 얼마나 지극하고 진실하였는지 말해 주고 있습니다.

당신은 서로의 체온과 체취는 물론 섣불리 나누기 어려운 속 깊은 비밀까지 나누던 소중한 친구이자 가족을 떠나보냈거나

떠나보내야만 합니다. 이것은 너무나도 가슴 아픈 일이며, 여기서 비롯된 슬픔과 상실감은 며칠, 몇 달 심지어 생이 끝날 때까지 가슴에 남을 수 있습니다. 그러므로 반려동물과의 사별은 중대한 일이 아닌 것으로 치부되어서는 안 됩니다. 그로 인한 슬픔과 상실감 또한 주변 사람들에게 보이지 않도록 추슬러야만 하는 감정이 아닙니다. 그러니 결코 서둘러 잊거나 떨쳐 내기 위해 자신을 다그치지 마세요. 반려동물과의 사별은 중대한 일이 아닌 것으로 치부되어서는 안 됩니다.

함께 지낸 시간이 쌓이는 동안 당신은 반려동물과 우정과 사랑을 나누었습니다. 진심으로 그들을 염려하고 돌봤습니다. 당신은 자애로운 사람이며, 책임감을 가진 사람입니다. 그런 당신에게 다가온 이별의 슬픔은 눈이 부실 정도로 아름답고 순수한 감정입니다. 그 빛이 바래지 않도록 가슴 한편에 소중하게 담아두세요. 당신을 떠난 반려동물이 오래도록 당신 곁에 따스하고 포근한 기억으로 머물 수 있도록 해 주세요.

이 책이 소중한 존재를 잃고 마음 아파하는 반려동물 보호자에게 따뜻한 위로가 되었으면 합니다. 반려동물의 이별로 인한 상처를 다독여 소중하고 아름다운 추억으로 남게 돕는 동반자가 될 수 있기를 바랍니다. 이별의 아픔에 대한 두려움으로 새로운 만남을 미루고 외면하는 분들에게도 다시 한번 사랑으로 충만한 삶이 찾아갈 수 있도록 응원하고자 합니다.

당신과 함께하게 될, 함께하고 있는, 또는 함께했던 그들에게 이야기해 주세요. 얼마나 사랑하는지를 들려주세요.

사랑한다, 사랑한다.

사랑한다.

차례

추천의 말　4

프롤로그　8

첫째 날.

세상이 눈물로 차오른 그날, 이별　17

둘째 날.

이별이 믿기지 않는 당신에게　31

셋째 날.

이별에 분노하는 까닭은　43

넷째 날.

이별을 받아들이기 위해　61

다섯째 날.

우울의 바다에 잠긴 마음　77

여섯째 날.

너의 시간이 너무 빨라서 나는 쫓아갈 수 없구나　89

일곱째 날.

마지막까지 사랑해　101

여덟째 날.
슬픈 이별이 아닌 소중한 추억으로   123

별이 된 아이들과 무지개다리를 그리는 사람들

하나. 인사할 시간조차 부족했던 이별   168

둘.   어린이 보호자에게도 인사할 시간이 필요합니다   173

셋.   이별하기 충분한 시간은 없습니다   178

넷.   너를 보내고 다른 아이를 마주하는 괴로움   184

다섯. 반려동물 가족도 이별의 아픔을 겪습니다   190

여섯. 특별한 아이들과의 추억을 기억합니다   195

일곱. 또 하나의 펫로스, 기약 없는 헤어짐   200

우리들의 펫로스

하나. 영원한 아이돌, 토니   206

둘.   나는 찡이로소이다!   212

셋.   같이 치유 받았던 공간   219

넷.   까망이가 만든 기적   226

다섯. 돌아온 루루   233

에필로그   240

세상이 눈물로 차오른
그날, 이별

첫째 날.

하나

**"만남도 이별도
마음같이 되지는
않아요."**

      우리는 하루를 시작하면서 오늘은 무슨 일을 할지, 누구를 만날지 계획을 세우곤 합니다. 하지만, 사랑에 빠지거나, 친밀한 관계를 만들어가는 일은 우리의 예상을 종종 벗어나곤 하지요. 버스를 기다리다가 무심코 쳐다본 분양샵 창문 너머의 그렁그렁한 검은 눈망울을 가진 아기 강아지와 사랑에 빠질 수도 있고, 공원 산책 중 어딘가에서 들리는 작은 소리를 따라가다 발견한 아기 고양이의 새로운 엄마가 될 수도 있습니다. 모니터 화면으로 마주한 유기 동물 사진 한 장으로도 당신의 새로운 사랑은 시작될 수 있습니다. 어떠한 조건도 없이, 어떤 존재를 사랑하고 돌보고 싶은 그 아름다운 마음은 늘 가슴 속에 머무르고 있고, 그런 마음을 가진 사람들은 필연과 행운을 통해 반려동물과 서로 이어져 가족이 됩니다. 바로 당신처럼요.

> 처음 바라봤을 때, 조금은 낯선 듯 겁먹은 듯한 맑고 검은 눈동자를 기억하나요?
> 처음 안아봤을 때, 새근거리던 숨소리, 긴장한 듯 콩콩 뛰던 심박동, 따뜻한 온기를 기억하나요?

반려동물과의 첫 만남은 정말로 경이로운 순간이 아닐 수 없습니다. 그들에게 꼭 말해 주세요. 내게 와줘서 고맙다고.

보살핌이 없이는 살아갈 수 없는 그들을 위해 보호자는 때때로 자신의 즐거움과 자유로움을 뒤로 미뤄야 합니다. 하지만 그들이 가진 순수함과 조건 없는 사랑을 받다 보면 삶의 활력과 즐거움을 넘어서, 내일로 나아가야 하는 이유이자 원동력의 하나가 되기도 합니다.

내 발치에서 나를 올려다보며, '당신은 세상에서 제일이에요'라고 눈으로 이야기하는 친구.

나의 슬픔에 공감하여 눈물을 핥아 주기도 하고, 내 기쁨에 같이 흥이 올라 귓불을 빨갛게 물들이고 깡충깡충 뛰어줄 가족.

우리의 보살핌으로 살아가지만, 우리 또한 그들의 포근한 보살핌 속에서 마음의 치유를 받습니다. 반려동물에게 이야기해 주세요. 함께여서 행복하다고.

안타깝게도 당신의 소중한 반려동물은 당신보다 짧은 삶을 살아갑니다. 하루 다르게 쑥쑥 성장하여 마음을 뿌듯하게 하던 친구이자 가족은 어느새 당신의 시간을 훨씬 앞지릅니다. 맑은 눈망울에는 언제부터인가 뿌연 안개가 끼어 늘 함께 걷던 산책길에서 머뭇거릴 것이고, 높은 곳으로 도약하게 하던 근육과 관절은 노화되어 걸음걸이마저 구부정해집니다. 누워 있는 시간이 늘어날 수도 있습니다. 어린 시절처럼 화장실에 미처 가기 전에, 또는 엉뚱한 장소에 배변이나 배뇨를 할 수도 있습니다.

우리의 모습이 잘 보이지 않게 되었을 때, 우리의 부름이 잘 들리지 않게 되었을 때, 우리의 발걸음을 쫓아오기 힘들어졌을 때, 그들 스스로는 얼마나 당황스럽고 무서울까요? 그러니 점점 나이 들고 약해져 가는 그들에게 꼭 말해 주세요. 괜찮을 거라고, 함께 있어 줄 거라고, 언제나 사랑할 거라고.

많은 보호자는 자신의 반려동물이, 자신과 함께 있는 시간에 고통을 느끼지 않고 편안히 잠들 듯 세상을 떠나기를 원합니다. 그러나 인사를 나눌 겨를 없이 이별을 맞이해야 할 수도 있고, 생의 마지막 시간을 동물 병원에서 더 많이 보내게 될 수도 있습니다. 만약 충분한 준비를 마친 후에 그들이 편안한 모습으로 고통 없이 떠난다면 마음이 좀 편할까요? 그렇다고 하더라도 슬픔과 상실감은 어쩔 수 없이 찾아올 것입니다. 아무리 노력하고 마음을 다잡는다고 해도, 후회가 따르지 않는 이별은 존재하지 않으니까요.

당신이 느끼는 상실감은 너무나도 당연합니다. 공감 능력이 부족한 사람들이 말하는 '유난스러움'에 의한 것도 아닙니다. 아낌없이 사랑을 주던 대상의 갑작스러운 부재가 안겨준 그리움이고 안타까움입니다. 심한 공허함과 상실감을 느끼더라도 그것은 당신이 심약하기 때문이 아닙니다. 오히려 떠난 그들에 대한 당신의 사랑이 그만큼 지극하고, 진실했다는 반증입니다. 우리는 같이 보내지 못한 시간과 좀 더 잘해 주지 못한 일을 떠올리며 후회하기도 합니다. 그러나 이 안타까움은 관심과 사랑을 충분히 주지 못해서 생기는 후회가 아닙니다. 더 많은 것을 해 주고 보여 주고 싶었던 지극한 사랑의 투영입니다.

만남도 이별도 마음과 같이 되지는 않습니다. 하지만 그들에 대한 당신의 사랑은 의도치 않았던 만남도, 준비되지 않은 이별도 당신과 반려동물의 삶이 서로에 대한 따스한 사랑과 배려로 충만해지도록 이끌어 줄 것입니다.

**사랑하는 존재가 떠나간
자리에는 복잡한 감정이
휘몰아칩니다.**

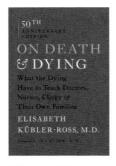

엘리자베스 쿼블러로스,
《죽음과 죽어감》

엘리자베스 쿼블러로스는 저명한 정신과 의사이자 죽음과 호스피스 분야에서 최고의 존경을 받는 권위자입니다. 그녀는 자신의 저서 《죽음과 죽어감》에서 죽음이라는 상황을 맞이하게 되는 당사자와 주변 사람들의 감정을 '1단계: 부정과 고립, 2단계: 분노, 3단계: 협상, 4단계: 우울, 5단계: 수용'으로 이어진다고 설명합니다. 이 감정들은 비단 죽음 앞둔 사람뿐 아니라 소중한 존재와 사별하는 상황에서도 느껴지며, 죽음뿐 아니라 다양한 이별의 상황에서도 차례로 마주하게 됩니다.

반려동물과 사별하게 되면 처음에는 그 상황을 인정하지 못하기도 합니다. 실제로 제가 동물 병원의 수의사로 일할 때도 이미 숨을 거둔 반려동물에게 어떠한 응급조치라도 해달라고 부탁하는 보호자들을 만나곤 했습니다. 특히나 평소에 건강하게 생활하던 반려동물이 갑작스러운 사고나 급성 질병으로 세상을 떠난 경우에는 더욱더 이별의 상황을 받아들이기가 어려울 것입니다. 그 모습은 곁에서 지켜보는 이들의 마음도 안타깝게 합니다.

급작스러운 이별 앞에서 우리는 '왜?'라는 의문이 생깁니다. 이별의 원인, 이별을 가져오게 한 대상이나 상황을 찾아내고, 그에 분노합니다. 분노의 대상은 보호자 스스로일 수도, 같은 가족의 구성원일 수도, 혹은 다른 사람과 반려동물, 혹은 가해자 등 그 무엇도 될 수 있습니다. 이 중 스스로에 대한 분노는 간혹 큰 후회나 죄책감이 되어 보호자 스스로에게 상처를 줍니다.

어쩔 수 없는 이별 앞에, 우리는 이별을 피할 수 있을지 기도해 보기도 합니다. 부디 하루라도 좋으니 조금만 더 반려동물과 함께하고 싶다고, 반려동물이 세상을 떠나는 것을 막을 수 없다면 부디 편안한 상태로 떠나게 해달라고, 혹은 앞으로 반려동물을 더 잘 돌보거나 선한 일을 할 것이니 제발 헤어지지 않게 해달라고 간절히 소망합니다. 이 협상의 단계는 우리 힘으로는 막을 수 없는 이별을 막아달라는, 늦춰달라는 애절한 기도와도 같습니다.

그러다 막상 이별을 예감하게 되면 우리의 마음은 점점 가라앉습니다. 일상에서의 소소한 즐거움도 위안이 되지 못하고 무기력해집니다. 주변 사람들의 조언이나 위로도 도움이 되지 못합니다. 이러한 우울한 감정은 며칠부터 길게는 몇 년까지 오래도록 남을 수 있고, 이별의 순간을 떠올릴 때마다 선명히 되살아나기도 합니다.

그러다 우리는 이별을 받아들이게 됩니다. 이별을 받

아들이는 이 마지막 단계에 이르러서야 우리는 이별 전에 준비할 것들과 이별 후에 챙길 것들로 눈을 돌리게 됩니다.

이렇게 죽음으로부터 비롯되는 다양한 감정을 '부정 – 분노 – 협상 – 우울 – 수용'이라는 단계로 이해할 수 있다지만, 사랑과 유대감이라는 감정은 우리의 상상보다 매우 강력하며 우리가 살아가는 가장 큰 원동력입니다. 때문에 사랑하는 존재를 잃은 후 느끼는 감정은 다양하고 복합적인 형태로 나타나고, 아주 긴 시간 개인의 마음속에 머물기도 합니다.

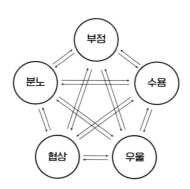

앞에서 이야기한 순서와 달리, 분노의 감정이 가장 먼저 나타날 수도 있고, 수용 단계에 머물다가 다시 감정의 각 단계를 거치는 경우도, 우울이라는 감정이 아주 오랫동안 지속될 수도 있습니다. 당신의 사랑이 지극하고 애틋했던 만큼 사랑하는 존재를 떠나보낸 당신의 마음에는 여러 가지 감정이 휘몰아치겠지요. 당신은 이 혼란이 편치 않습니다. 그러나 이 감정들은 이별로 인한 당신의 슬픔과 상실감이 치유되기 위한 과정이며, 나아가 반려동물의 만남과 반려 그리고 이별이라는 일련의 과정이 당신의 마음속에 아름다운 추억으로 자리 잡기 위한 필수 요소입니다. 이별의 과정을 겪는 것이 괴롭고 슬프다고 해서 이를 혼자 마음에 담아두거나 애써 담담한 척하는 것은, 이별을 온전히 겪어내야 하는 당신에게 도움이 되지 않습니다.

이별은 너무 슬프고 서러운 것입니다. 그러나 이별이 불러오는 여러 감정들을 받아들이고 겪어내야 합니다.

그것이 이별에 대한 우리의 자세이며, 떠나보내는 반려동물에 대한 사랑의 표현입니다.

사랑하기에 이별이 온 것을 부정하는 것입니다.

사랑하기에 이별을 받아들이는 일에 분노하는 것입니다.

사랑하기에 이별을 늦춰보고자 협상하는 것입니다.

사랑하기에 이별의 상황에서 우울함을 느끼는 것입니다.

너무나도 사랑하지만, 이별을 받아들일 수밖에 없기에 이 모든 슬픔과 상실감이 찾아오는 것입니다.

반려동물을 떠나보내면서, 여러분이 느끼게 될 과정, 감정의 변화, 슬픈 이별이 아름다운 추억으로 간직되기 위한 이 여정을 같이 동행해 보고자 합니다.

이별이 믿기지 않는
당신에게

둘째 날.

하나

"아니야, 안 죽었어!
안 죽었다고!"

제가 유난히 아끼던 환자에게 응급 심폐소생술을 한참이나 하고 나서, 울부짖듯이 외쳤던 말입니다. 호불호가 심했던 시추 '뽀롱이'는 유난히 저를 잘 따르던 환자였습니다. 눈병과 피부병으로 병원에 자주 내원하는 친구였는데 다행히 저와는 마음이 잘 맞았습니다. 제 무릎 위에 올려두면 한참을 잠들곤 했고, (보호자의 말에 의하면) 가끔은 제가 보고 싶었는지 병원에 가자고 현관 앞에서 조르기도 했다고 합니다. 그러니 어찌 사랑스럽지 않을 수 있을까요?

꽤 많은 시간이 흘러 저는, 근무하는 동물 병원이 바뀌었고 뽀롱이와도 이별하게 되었습니다. 그러던 어느 늦은 밤, 제 개인 휴대전화로 연락이 왔습니다. 뽀롱이의 보호자였습니다. 긴급한 상황이라며 저의 집 근처까지 찾아오겠노라고 하고, 한 두어 시간이 흘렀을까요? 오랜만에 만난 뽀롱이는 제가 알던 그 뽀롱이가 아니었습니다. 각막의 궤양과 백내장으로 앞을 볼 수 없었고, 최근에는 귀도 잘 들리지 않는다고 했습니다. 당시 뽀롱이의 나이가 15살. 시간의 흔적들이 그대로 내려앉아 있었습니다. 이전보다 더 많은 관리가 필요했지만 뽀롱이는 시력과 청력을 잃은 후 더 예민해져서 동물 병원에서의 진료도 미용도 할 수 없었습니다. 설상가상으로 보호자마저 개인적인 어려움으로 인해 일상생활이 무척 어려운 상태였습니다.

나란히 앉아 이런저런 이야기를 하는 도중, 보호자 품에서 잠들어 있던 뽀롱이가 부스스 일어나 킁킁 냄새를 맡더니 저에게 다가왔습니다. 그리고는 머리를 비비면서 안아달라고 조르는 게 아닙니까? 눈도 보이지 않고 귀도 들리지 않았지만 제 냄새를 기억하고 있었던 듯합니다. 뽀롱이를 안으면서 왈칵 눈물이 났습니다. 사실, 그 당시 저 또한 힘든 시기를 보내며 낯선 도시에서 은둔하듯 생활하고 있었습니다. 그간 힘들고 지쳤던 제 마음을 이렇게나 따뜻하게 감싸 주니, 어찌 뽀롱이를 사랑하지 않을 수 있었을까요?

꽤 오랜 시간 뽀롱이 보호자와 이야기를 나누었고 저 이외에 다른 사람의 손길을 거부하는 이 작은 아이를 제가 돌보는 것이 최선이라고 결론짓게 되었습니다. 그 이후로 저는 뽀롱이와 3개월 정도 같이 지내게 되었습니다. 동물 병원에 함께 출퇴근하고, 어설픈 솜씨로나마 고운 털을 정리해 주었습니다. 함께할 수 있는 시간이 얼마 남지 않았다는 것을 알고 있었지만 불안하면서도 평온했던 그 시간이 오래도록 유지되기를 바랐습니다.

그러던 중 뽀롱이가 식사를 거부하고, 기력이 급속히 줄어든 날이 찾아오고야 말았습니다. 그날 이후로 3일 동안 낮에는 저와 함께 동물 병원에서, 밤에는 집에서 간호를 받았지만 세상을 떠나게 되었죠. 하지만, 이대로 뽀롱이를 보낼 수는 없었습니다. 뽀롱이는 아직 위급하다는 소식을 듣고 달려오는 보호자를 만나지도 못했었고, 저 또한 보내줄 마음의 준비가 되어 있지 않았으니까요.

한참 동안이나 뽀롱이에게 심폐소생술을 하다가, 더 이상 진행하면 뽀롱이의 몸이 망가질까 처치를 멈추면서 제가 울부짖었던 말이 바로 "아니야! 안 죽었어! 안 죽었다고!"였습니다.

둘

왜?!

그동안 저는 동물 병원에서 근무하면서 많은 반려동물의 죽음을 목격했고, 마지막 순간을 함께했습니다. 그럼에도 불구하고 깊이 교감하던 환자의 죽음에서는 그 상황을 '부정'하는 것 외에는 할 수 있는 것이 없었습니다. 뽀롱이는 이미 나이가 많았고, 생애 마지막 순간에 보호자와 저의 관심과 사랑을 받으며 지내기는 했지만, 보호자도 저도 뽀롱이와 이별할 마음의 준비는 되어 있지 않았습니다. 그렇게 제 마음속 깊이 남은 뽀롱이와의 이별은 제가 펫로스를 공부하고, 다른 분들의 펫로스에 동행하는 계기가 되었습니다.

많은 보호자는 반려동물과의 사별을 예감한 순간 혹

은 그 이후에, '왜'라는 질문을 합니다. 그런 질문 앞에서는 저는 수의사로서 사실에 근거한 정보들을 제공하곤 했습니다. '이 아이의 질병은 사망률이 높다고 보고되어 있다.', '이런 상황에서는 생존 가능성이 희박하다, 설령 생존한다고 해도 후유증이나 장애가 남을 수 있다.'라는 등 여러 가지 연구 결과와 객관적인 사실에 준하여 설명해 드렸습니다. 그러나 이 말을 듣고 쉽사리 수긍하거나 인정하는 경우는 많지 않았습니다. 심지어는 보호자가 의료계 종사자이거나, 평소 이성적이고 합리적인 경우에도 말이죠.

이후, 함께 지내던 반려동물들을 떠나보내고, 펫로스로 가슴 아파하는 분들을 만나면서 이해하게 되었습니다. 반려동물과의 사별 이후에 톡 튀어나오는 '왜'라는 단어는 죽음의 이유를 알고자 함이 아니라는 것을요.

'왜'에는 이별을 받아들일 준비가 되지 않았다는 애

절함이 있습니다.

'왜'에는 반려동물과 이별하고 싶지 않다는 간절함이
있습니다.

'왜'에는 마음속 깊이 사랑한다는 진실함이 있습니다.

　반려동물을 떠나보내고, '왜'라는 생각이 든다면, 마
음에 두지 마시고 다른 사람에게 물어보세요. 반려동물
을 함께 돌보던 가족, 반려동물의 건강을 돌봐 주던 수
의사 그리고 주변의 반려동물 보호자도 좋습니다. 그러
다보면 납득할 만한 대답을 얻을 수는 있습니다. 다만,
어떠한 대답도 반려동물을 떠나보내야만 하는, 떠나보
낸 이유로 받아들이기는 어려울 것입니다. 이 상황과
그 이유를 진정으로 납득하는 데 필요한 것은 '정보'가
아니라 '시간'이기 때문입니다.

　이별을 수용하기 위해서는 생각보다 많은 시간이 필
요할 수 있습니다. 몇 분, 몇 시간을 넘어 몇 년의 시간

이 필요할 수도 있습니다. 또한 그 시간을 보내는 동안, 다양한 감정의 변화가 찾아올 것입니다. 이는 반려동물을 진심으로 사랑했던 당신의 마음이 치유되는 과정 중의 하나입니다. 절대 부끄러워하거나, 감추려고 하지 마세요.

씹는 것도 불편하고, 사료에서도 간식에서도

좋아하는 냄새가 안 나서 편식했어요.

매번 애태우게 했어요. 미안해요.

당신은 매번 맛있는 간식을 찾아,

내게 선물해 주었죠. 고마워요.

사랑해요. 내 삶에서 최고의 선물은

당신을 만난 것이었어요. 걱정하지 말아요.

조금만 더 쉬고 나면, 병원에 가서

주사를 맞고 나면, 쓴 약을 먹고 나면,

나는 떠나지 않아도 될 거예요.

내일은 당신이랑 산책하러 나갈 거예요.

이곳저곳 뛰어가서 냄새도 맡을 거고,

다른 강아지들을 보면 우렁차게

왕왕 짖어 보일 거예요.

나도 아직은 떠나고 싶지 않아요.

떠날 수 없어요. 좀 더 따뜻하고 포근한

당신의 곁에서 머물고 싶어요.

네 몸이 많이 약해졌다고 하지만,

어제보다는 네가 기운을 차리고 활력도 생긴 것 같아.

잘 보이지도 잘 들리지도 않지만

나를 알아봐 주는 너, 사랑한다.

내가 아는 어떤 집 아이는 15살까지

건강하게 살다가 갔다는데….

너는 떠나기에는 아직 어려.

내 눈에는 언제나 어리고

귀엽기만 한 너, 사랑한다.

너와의 이별을 준비해야

한다고들 말하지만, 나는 알 수 있어.

너는 너무나 착한 아이니까 치료만 잘 받으면

더 이상 아프지 않을 거야.

조금 더 힘을 내줘. 사랑한다.

이별에 분노하는
까닭은

하나

"왜 하필 지금이지?"
"모든 게 내 탓이야!"

　　　　　자신의 자녀를 잃은 부모가 느끼는 사별에 의한 슬픔, 비탄을 '권리 박탈적 비탄'이라고 합니다. 자녀를 잃고 큰 슬픔에 빠진 부모가 사회 혹은 다른 가족으로부터 자녀를 제대로 돌보거나 보호하지 못했다는 지탄을 받아 슬퍼해야만 하는 권리를 빼앗기는 경우가 있기 때문입니다. 마찬가지로 반려동물의 사별 이후 보호자는 큰 슬픔을 느끼지만 사회적으로 반려동물에 대한 이해나 애정에 대한 이해 수준이 다양하게 존재하다 보니, 다른 사람들로부터 "사람이 죽은 것도 아닌데, 저렇게 유별나야 해?"라든지 심지어는 "키우던 동물이 죽었다고 이렇게까지 우울해? 네 부모가 돌아가셨을 때도 이렇게 슬퍼하나 보자!"와 같은 잔인한 말을 듣기도 합니다. 심지어 상대방은 자신의 말이 반려동물을 잃은 보호자를 생각해서 하는 조언이라고 생각하기도 합니다.

일부 조사에서는 반려동물의 사별로 인한 상실, 비탄 및 애도 등의 기간은 대상이 사람인 경우에 비해 짧은 경향이나 감정적인 측면에서의 스트레스는 더욱더 격렬한 것으로 사료된다고 말합니다. 자녀는 성장하여 성인이 되면 신체적으로나 정신적으로 자립하지만 우리의 반려동물은 처음 만났을 때부터 헤어짐의 순간까지, 건강한 젊은 시절이나 나이가 들어서나 보호자에게 의지하고 돌봄을 받는 존재이기 때문입니다. 또한 오롯이 보호자만을 바라보며 공감하는 여리고 순수한 존재입니다. 그러다 보니 보호자들은 사망의 원인이 급작스러운 사고이든 불치의 질환이든 자신의 잘못으로 인해 사망을 했다는 죄책감을 갖는 경우가 많습니다. 더 나아가 스스로에게 분노하기도 합니다.

내가 조금만 일찍 집에 들어왔더라면, 좀 더 빨리 치

료를 받을 수 있었을 거야!

평소보다 기운이 없는 것을 왜 눈치채지 못했지?

좀 더 조심했어야 했어!

한 보호자는 노령의 치와와 '금동이'와 1살이 채 되지 않은 어린 셰퍼드 '제트'를 기르고 있었습니다. 두 아이 모두 파양된 상처가 있는 아이들로 특히나 금동이는 원래도 몸이 너무 작고, 여렸기 때문에 보호자는 금동이의 건강에 신경을 많이 썼습니다. 그러던 어느 날, 보호자가 평소보다 늦게 귀가한 날 어느 때보다 더 반가운 마음에 금동이와 제트는 현관으로 달려갔습니다. 그러다 몸집이 큰 제트가 흔드는 꼬리에 금동이가 밀려가 벽에 부딪히면서 사망하는 사건이 일어났습니다. 평소에도 두 아이가 지내는 데에 전혀 문제가 없었으니 과연, 그런 상황을 예상이나 했을까요? 보호자는 자신이 반갑다고 달려온 제트도, 그날따라 유난히 길어진

'모임'도 원망할 수 없었습니다. 현관에 안전장치를 준비하지 않은 자신을, 두 아이를 분리하여 돌보지 않은 자신을, 늦게 귀가한 자신을 자책했다고 합니다.

누구도 한 치 앞을 내다보지 못합니다. 당신은 일상에서 늘 반려동물을 사랑했으며, 당신의 사랑은 늘 반려동물을 좀 더 좋은, 좀 더 편안한, 좀 더 안전한 방향으로 이끌었을 것입니다. 스스로를 비난하지 마세요. 죄책감 때문에 상처받기에는 당신의 마음에 반려동물과의 이별로 인한 너무나 큰 공허함이 있습니다. 당신의 사랑 속에서 행복한 삶을 살다 간 반려동물도 당신이 자책하는 것을 원하지 않을 것입니다. 또한 당신의 마음속에 미안함이라는 감정으로 남기보다는 따뜻한 사랑과 추억으로 남고 싶을 것입니다.

주변에 펫로스 이후 책임을 자신에게 돌리는 분이 있다면, 이야기해 주세요. "너의 탓이 아니야, 네가 반려동물을 돌보는 것에는 언제나 사랑이 깃들어 있었어. 너를 만난 것은 반려동물에게 큰 행운이었고, 늘 행복했을 거야."라고….

둘

다른 사람에 대한
분노, 원망.

　　반려동물과의 사별을 납득하기 위해서 외부
로부터 원인을 찾는 경우가 있습니다. 제가 근무하던
동물 병원에서 있었던 일입니다. 응급 내원한 말티즈
'콩이'는 산책 줄을 장착하지 않고 산책하다가 교통사
고로 인해 큰 부상을 입었고, 내원했을 때는 이미 위급
한 상황이었습니다. 결국, 응급 심폐소생술에도 콩이는
사망했고 보호자는 의료진에게 격렬히 화를 냈습니다.

　　당시에는 교통사고가 발생하게 된 이유와 병원 도착
이후 콩이의 상태를 고려하지 않고, 응급 상황에 적절
하게 대처한 의료진에게 책임을 묻는 보호자가 이해되
지 않았습니다. 다행히 대화 이후 보호자는 분노의 감

정을 내려놓았습니다. 이후 새로이 맞이한 반려동물과 내원할 정도로 좋은 관계로 발전했습니다. 이처럼 만약 보호자의 분노가 어떠한 오해로 인해 다른 사람에게 향했다면, 우선 정보를 충분히 공유해서 상황에 객관적으로 접근하고 서로 소통해야 합니다. 이미 벌어진 상황에 이성적으로 동의하는 과정이 이루어져야 하는 것이지요. 하지만 그 이후에는 보호자의 슬픔과 상실감에 공감하고 위로를 전하여 어그러진 방향의 분노를 잠재워야 합니다. 또한 분노가 보호자 스스로를 향하지 않도록 도와야 합니다.

너무나도 명확하게 타인의 잘못으로 반려동물이 희생되는 경우도 있습니다. 당연히 이 상실감은 분노라는 감정으로 표출되어 다른 사람을 향하게 됩니다. 부당한 이유 혹은 부주의로 인해 반려동물을 잃은 보호자의 마음은 너무나 황망하고, 분노의 감정이 휘몰아칠 수밖에 없습니다. 때로는 법적인 소송이 진행되는 경우도 존재하지요. 물론, 다른 사람의 책임에 의해 발생한 사별에 대해서는, 상황이 발생하게 된 '의도'와 '과정'을 밝혀내어, '용서' 혹은 '처벌'이 이루어져야 한다고 생각합니다. 그러나 동일한 문제의 재발 방지나 처벌을 위하여 법적인 과정을 밟는 경우에도, 반려동물은 아직 까지는 법적으로 '가족'이 아닌 '소유물'로 분류되기 때문에 재판 과정에서 보호자의 슬픔과 좌절은 더욱 커질수 있습니다.

한 여성 재력가의 반려묘, 페르시안 '깜이'는 보호자뿐 아니라 집안일을 돌봐 주던 아주머니의 사랑도 듬뿍받으며 살고 있었습니다. 깜이는 고양이답게 어딘가에 숨어 있는 것을 좋아했고, 어느 날인가 빨랫감이 소복이 쌓인 세탁기 안으로 들어가 낮잠을 청하게 됩니다. 아주머니는 깜이가 세탁기 안에 있을 거라곤 생각하지못했고 그렇게 불행한 사고가 일어나게 됩니다. 그 이후 많은 일이 있었겠지만 깜이의 사망으로 인한 분쟁은 일어나지 않았습니다. 진심 어린 사과와 용서, 사건에 대한 이해와 오해를 풀어낸 소통이 있었기에 가능한 일이었다고 생각합니다.

  몽실몽실한 털이 너무 귀엽던 차우차우 '장군이'는 보호자의 장기 출장으로 인해 대형견을 전문적으로 위탁 관리해 주는 업체에서 돌봄을 받게 되었습니다. 그러다 그곳에서 장군이는 갑작스레 장염 증상을 보였고 연락을 받은 가족들이 즉시 장군이에게 향했지만 이미 장군이는 세상을 떠난 후였습니다. 급성적인 질병에 의해 반려동물이 갑자기 사망하는 것은 불가능한 일은 아니지만, 가족들이 마주한 장군이는 너무 말라 있었고, 질병을 오래 앓은 것처럼 몸이 더러웠습니다. 또한 급여하라고 맡긴 사료도 그대로 남아있었습니다. 가족들은 추후 해당 업체로부터 장군이가 꽤 오랜 기간 설사 증상을 보였고 보호자에게 연락을 취하지 않은 채 치료를 받았으며 집에서 온 먹이 대신 다른 사료를 먹였다는 것을 확인했습니다. 이에 분노한 장군이 가족들은 법적인 소송을 고려했습니다.

깜이와 장군이에게 일어난 불행한 사고에 대한 결정적인 책임은 보호자 이외의 사람에게 있습니다. 물론 '깜이'는 가족과 같은 관계의 가사 도우미 아주머니였고, '장군이'는 위탁업체로 이전에 보호자 분과 감정적인 교류는 없는 상태였습니다. 하지만 두 사고의 결과는 이러한 '관계'의 차이만 있는 것이 아닙니다. 장군이의 경우에는 사고가 발생한 '과정'에서 보호자에게 충분한 공유가 없었고 너무 늦은 시점에서 연락과 공유가 이루어져 이에 대한 '의도'의 존재에 대해 가족들은 의혹이나 불신을 가질 수밖에 없었으리라 생각됩니다.

이 이외에도 정신적인 문제를 가진 사람들이 다른 이의 반려동물을 납치하여 학대하거나, 희생시키는 범죄가 발생하기도 합니다. 이러한 경우라면 또 다른 희생이 재발하지 않도록 법적인 처벌과 사회적인 비판을 하는 것이, 다른 반려동물과 보호자에게 선의로 전파되는 바른길이 아닐까 생각합니다.

　다만, 반려동물과의 이별로 인해 극렬한 슬픔과 상실감을 느끼고 있는 상태에서 누군가를 불신하고 상황에 대한 의혹으로 인한 분노의 감정을 스스로에게 담아 두는 것은 보호자에게 너무 가혹한 일입니다. 반려동물을 떠나보내고 힘든 사람은 보호자 자신이니까요. 때문에 책임의 여부를 묻거나 논쟁하기보다는 스스로의 마음을 돌보고 치유하는 것에 집중할 수도 있도록 도와야 합니다. 반려동물의 사망에 책임이 있는 이의 진실한 사과, 주변 사람들의 관심과 위로가 있다면 비탄에 빠진 보호자가 마음을 추스르는 데에 도움이 될 것입니다.

절대적인 존재에게
보내는 간절한 기도

반려동물은 순수하고 선한 존재입니다. 그들을 바라보면 천사와 같다는 생각이 들곤 하지요. 무엇인가로부터 공포를 느끼거나 낯선 사람이나 상황 속에서는 이빨을 드러내기도 하고, 발톱을 세우기도 하지만 그들의 마음은 선함으로 가득 차 있는 듯합니다. 때문에 보호자에게는 다른 어떠한 존재보다도 소중하고, 착한 존재였을 반려동물. 이들을 불의의 사고나 불치의 질병으로 보낸 이후, 보호자는 절대적인 존재에게 절규할 수 있습니다. 이들과 함께할 시간을 좀 더 달라는 간절한 기도에 응답 받지 못하였다고 생각하여 비탄에 빠지기도 합니다.

반려동물과의 이별로 슬픔에 잠긴 보호자는 종교의 힘으로도 치유 받을 수 있습니다. 세상을 떠난 반려동물이 절대적인 존재의 품에서 행복할 것이라는 믿음, 사후 세계에서 다시 만나 행복한 시간을 보낼 수 있으리라는 믿음, 그리고 반복되는 윤회의 굴레에서 서로 다시 만날 것이라는 믿음은 비탄에 빠진 마음에 희망을 담는 데 도움이 됩니다.

저는 반려동물과의 만남이 어쩌면 계획된 것일 수 있다고 생각됩니다. 진정한 사랑을 배우고, 느끼고, 실천하기 위해 당신과 당신의 반려동물은 운명적으로 만났습니다. 비록 지금은 헤어지게 되었지만 죽음으로 인해 둘의 관계가 끝나는 것은 아닙니다. 아름다운 추억과 감정으로 당신의 마음에 영원히 간직될 것입니다.

당신은 지금껏 온 마음을 다해 당신의 반려동물을 사랑해 주었고, 그들도 무척이나 순수하고 무조건적인 사랑으로 당신에게 응답했습니다. 이런 서로 간의 사랑과 교감을 통하여, 당신은 더 자애로운 존재로, 좀 더 아름다운 영혼을 가진 존재로 거듭났을 것입니다. 반려동물이 안겨준 이 아름다운 변화를 부디 오래도록 잘 간직해 주세요.

이빨을 닦아 준다고 했을 때, 발톱을 정리해 준다고 했을 때,

귀를 청소해 준다고 했을 때,

심지어 어서 건강해지라고 안약을 넣어 준다고 했을 때도

나는 잘 참지 못하고 당신에게 짜증을 내곤 했어요.

미안해요.

내 등은 굽고, 눈이 흐려지고 털도 거칠어졌어요. 그런데도

당신은 내가 제일 예쁘다,

귀엽다고 말해 주곤 했죠. 고마워요.

사랑해요. 언제나 나를 최고라고 해 줘서. 당신도 나에게는

늘 최고였어요.

누군가 우리 사이를 질투하고, 시기해서 떼어 놓으려는 게

분명해요.

아주 고약하고 심술궂은 사람인가 봐요. 그 사람을 찾아내면

발톱으로 할퀴어버릴 거예요.

나와 당신에게 주어진 시간이 다르다는 것에 화가 나요.

다가오는 이별의 순간에 멍멍 짖으면 쫓아낼 수 있을까요?

으르렁 이빨을 보이면 도망갈까요?

엄마가 건강해지려면 약도 먹어야 한다고 했잖아.

왜 그렇게 고집을 피우니?

산책할 때 조심조심 천천히 뛰어야 한다고 했잖아.

어쩜 그렇게 조심성이 없니?

오랫동안 함께하기로 약속했잖아

 그러니까 안 돼! 안 돼!

내 말을 잘 듣지 않는 우리 집 말썽꾸러기, 사고뭉치.

그럼에도 나는 널 사랑한다. 사랑한다.

사랑한단다.

이별을
받아들기 위해

넷째 날.

"오늘만은 안 돼요.
　　며칠만이라도 더
　　함께하게 해 주세요."

　　　　　다가온 이별의 시간을 피할 수 없을 때, 우리는 그 가슴 아픈 순간을 최대한 미루고 싶어 합니다. 병상에 누워, 통증에 괴로워하는 반려동물을 안타까워하면서도 마지막이 최대한 늦게 다가오기를, 또는 기적이 일어나 다시 한번 같이 지낼 수 있는 기회가 오기를 바라기도 합니다. 이러한 마음은 반려동물도 마찬가지가 아닐까요? 좀 더 가까이, 좀 더 오래 함께하고 싶은 마음은 누구나 마찬가지일 겁니다.

　　전혀 뚱뚱하지 않았던 시추 '뚱이'의 이야기를 들려드리겠습니다. 보호자는 미혼이던 시절부터 뚱이와 같이 생활했고 십여 년의 시간 동안 가정을 이루며, 식구도 늘어났습니다. 뚱이는 언제나 보호자와 함께였으며, 직장과 가사를 병행하는 힘듦을 이해하는 듯, 작은 말썽도 부리지 않는 아주 얌전한 반려견이었습니다. 다만, 심장 질환을 앓고 있어 주기적인 검진과 내복약을 복용하고 있었습니다.

그러던 와중에 가족들은 여행을 떠나게 되었고 뚱이는 평소 친하게 지내던 지인 집에 맡겨졌습니다. 그러나 보호자들이 돌아오기로 예정된 날, 뚱이는 심한 호흡곤란으로 심정지 상태가 되었습니다. 심폐소생술이 진행되었고 보호자들이 동물 병원에 도착하자 정말 놀랍게도 뚱이의 심박이 돌아왔습니다. 심박이 돌아오자 호흡상태도 양호해졌고 정신 상태도 이전으로 돌아와 보호자를 알아보며 꼬리를 치고, 스스로 일어섰습니다.

보호자는 뚱이를 안아 올리며, 한참이나 얼마나 뚱이를 사랑하는지, 뚱이가 얼마나 소중한 존재인지를 들려

주었습니다. 그리고 제법 시간이 흐른 후 뚱이는 심정
지 상태로 돌아갔고, 다시 눈을 뜨지는 못했습니다. 저
는 전문적 지식으로 동물 진료에 임하는 수의사이지만,
그 순간만은 뚱이가 보호자를 만나기 위해, 자신의 모
든 힘을 끌어 올려 마지막 인사를 전하고 세상을 떠났
다고 생각을 할 수밖에 없었습니다.

우리가 반려동물을 떠나보내는 것이 못내 아쉽고, 그
순간을 최대한 미루고 싶은 것은 너무나도 당연한 것이
며, 반려동물도 같은 생각을 할 것이라 믿고 있습니다.
하지만 아무리 많은 시간이 주어진다 해도, 우리에게는
부족할 것입니다.

많은 분들이 우리보다는 짧은 삶을 살아가는 반려동
물이 좀 더 오랫동안 장수하기를 바랍니다. 하지만 저
는 같이 보내는 시간도 중요하지만, 사는 동안 얼마나
많은 사랑을 받았는지, 서로 얼마나 행복한 순간들을

나누었는지가 더욱 중요하다고 생각합니다. 사랑의 표현이나 같이 추억을 나눌 기회를 미루지 말고 함께하는 순간순간에 최선을 다해 주세요.

**"떠나보내야만 한다면,
　제가 있을 때 아파하지 않는 상태로
　헤어지게 해 주세요."**

　　　　유기견으로 발견되어 추정 나이 27세로 살
다 간 저의 반려견 '순돌이'는 저를 만나기 전 유기견이
라는 꼬리표를 달고 여러 보호자와 장소를 전전했었습
니다. 자그마한 몸에 잘 짖지도 않아 존재감이 잘 드러
나지 않던 순돌이. 이별할 시간이 다가올수록 저는 늘
순돌이와의 마지막에 대한 구체적인 바람을 되새겼습
니다. 함께할 시간이 얼마 남지 않았지만, 이별의 순간
은 평온하고 따뜻하기를, 늘 기도했습니다.

　　　　늘 한구석에 조용히 앉아 있는 우리 순돌이, 늘 떠돌
　　　아야 했던 우리 순돌이가 세상에 왔다 갔다는 사실을
　　　많은 사람들이 기억하게 해 주세요.

아프다가 떠나지 않게 해 주세요.

우리 순돌이는 수액 처치나 주사를 놓기에는 혈관이 너무 얇고 가늘어요. 떠나는 날까지 밥과 물을 스스로 먹게 해 주세요.

집에서 마지막을 맞이할 수 있게 해 주세요.

부디 제가 마지막을 지킬 수 있게 해 주세요.

마지막 모습이 세상에서 가장 정결하도록 해 주세요.

제가 장례를 직접 치를 수 있게 해 주세요.

．

순돌이는 점점 잠을 자는 시간이 늘어났습니다. 귀도 잘 들리지 않아 출근할 때 배웅을, 귀가 시에 마중을 나오지 않게 되었습니다. 매일 집을 나설 때나 집에 들어와서 순돌이가 편안하게 숨을 쉬는지 마음을 졸이면서 지켜보던 날들, 이빨이 모두 빠지고, 혀의 삼키는 힘도 약해진 순돌이에게 손으로 밥을 먹여 주던 날들, 저는 그 날들이 오래도록 지속되기를 기도했고, 평탄하지만은 않았던 순돌이 삶의 마지막 날들은 따뜻하고, 평온하기를 바랐습니다.

제 의지와 노력 때문이었는지, 제 기도에 대한 응답이었는지는 알 수 없지만, 순돌이는 생애 마지막 전에 한국의 최고령 장수견 중 하나로 매체에 소개되어, 많은 분들의 관심과 응원을 얻었습니다. 덕분에 순돌이가 하늘나라로 갔던 날, 기사가 나와 많은 분들로부터 위로와 작별 인사를 받을 수 있었습니다.

순돌이는 하늘나라로 가기 전날 아침까지 식사를 했고 제 품에서 세상을 떠났습니다. 또한 많은 반려동물이 숨을 거둘 때 어쩔 수 없이 몸이 더러워지는 것을 많이 보았는데, 순돌이의 마지막 모습은 마치 잠이 들어 있는 듯 평온하고 말끔했습니다. 휴가를 얻었고 반려동물산업 종사자 사이에서 평판이 좋았던 장례식장에서 예의를 갖춰 마지막 인사를 할 수 있었습니다. 지금도 그 모든 상황들에 감사하고 있습니다.

하지만 마지막 이별의 모습이 바라던 것과는 다른 경우도 많습니다. 얄궂은 이별이 어떤 모습으로 찾아올지 모르기 때문에 종종 우리는 지푸라기라도 잡는 심정으로 어떤 조건들이 간절한 바람을 이루어 주리라 생각하기도 합니다.

유기 동물들을 위해 열심히 봉사할 테니, 제 소중한 아이가 오랜 시간 곁에 있게 해 주세요.
동물 병원에 자주 가야 해도 좋아요. 조금만 더 같이 지내게 해 주세요.
우리 아이가 더 오래 살 수 있다면, 좋은 일을 많이 할게요.

그러나 운명과 거래하려 하지는 말아 주세요. 간절한 바람이라 할지라도, 우리가 뜻하는 바대로 이루어지지 않을 수 있습니다. 그러하더라도 낙담하거나 실망하지 않았으면 합니다. 당신의 소중한 바람을 마음에 되새기는 동안, 그 절실함은 마음과 마음으로 연결된 당신의 반려동물에게 잘 전달되었을 것입니다. 설사 급작스러운 사고나 오랜 투병으로 반려동물이 세상을 떠났다 해도, 당신의 따뜻한 배려와 관심을 마음속에 품고, 행복한 꿈을 꾸고 있을 것입니다.

요크셔테리어 '토토'는 아빠, 형 그리고 누나는 물론 특히나 엄마의 지극한 사랑을 한껏 받는 반려견이었습니다. 심장병과 신장병을 앓고 있었음에도, 지극한 보살핌 속에서 특별히 불편한 증상 없이, 되려 너무 식욕이 넘쳐서 다이어트를 해야 할 정도로 평온한 나날을 보내고 있었습니다. 추석 명절, 토토의 엄마는 차례 준비를 위해 잠시 집을 비워야 했고 누나가 대신 토토를 돌보기로 하였습니다. 그러나 아침까지도 사료를 꼭꼭 씹어 먹던 토토는 엄마가 집을 비운 짧은 시간에 자는 듯 세상을 떠났습니다. 토토의 마지막을 꼭 지켜 주고 싶었던 엄마는 크게 낙담했습니다.

정성껏 토토의 장례를 치러 주고, 시간이 어느 정도 지난 뒤 토토의 엄마를 만나게 되었습니다. 토토의 엄마는 "처음에는 하필이면 내가 없는 그때 떠난 토토가 야속하기도 하고, 세상을 떠나기 1주일 전에 처방식 사료의 알갱이를 큰 것으로 바꿔준 것이 문제가 되었나 싶기도 했었어요. 그런데, 가만히 생각해 보니, 토토는 자신이 떠나는 모습을 보이면 제가 너무 슬퍼할 거라고 생각하지 않았나 싶어요. 제가 슬퍼할까 봐 배려했던 것 같아요."라는 말을 들려주었습니다. 비록 염원했던 방향으로 마지막 인사를 나누지는 못했지만, 토토에 대한 보호자의 지극한 사랑과 관계에 대한 믿음으로 가슴 아픈 이별이 아닌 마지막까지 서로를 배려하는 따뜻한 교감의 순간으로 남겨졌습니다.

이별의 순간이 당신의 바람과 다르더라도 너무 아쉬워하거나 슬퍼하지 않아도 됩니다. 당신의 반려동물은 이별의 순간이 아닌 당신과의 교감과 사랑을 간직한 채 당신의 행복을 기원하면서 떠났을 테니까요. 이별의 순간이 지나갔다 하더라도 당신과의 반려동물의 관계는 종료된 것이 아닙니다. 둘이 나눴던 시간과 감정을 통해 영원히 연결될 것입니다.

내 건강을 염려해서 먹이는 약인데

나는 뱉어내려고만 했었어요. 미안해요.

내가 아프지 않은지 늘 걱정해 주고,

내가 아플 때면 곁에서 보살펴 주었죠. 고마워요.

사랑해요. 나도 남은 당신이

어떻게 지낼지 늘 걱정되곤 했어요.

내가 없어도 늘 활기차고 즐겁게 지내야 해요.

쓴 약을 착하게 잘 받아먹고,

동물 병원에서도 얌전하게 주사를 맞으면

당신이랑 헤어지지 않을 수 있을까요?

화장실도 잘 가리고, 짖지도 않을 테니

조금 더 같이 있게 해 주면 안 될까요?

산책을 가지 않아도 좋아요. 간식을 먹지 못해도 좋아요.

당신이 조금만 더 나를 쓰다듬어 줄 수 있다면,

내 이름을 불러 줄 수 있다면,

사랑한다고 말해 줄 수 있다면….

나는 내 소중한 장난감도, 방석도 양보할 수 있어요.

제 수명을 몇 년 줄이셔도 좋아요.

사랑하는 우리 아이와 조금만 더 같이 있게 해 주세요.

정 우리 아이를 데려가야 한다면 아프지 않게 해 주세요.

우리 아이 떠나는 모습을 보지 않게 해 주세요.

너무 가슴 아플 것 같아요.

아니, 우리 아이는 겁이 너무 많아요.

제가 같이 있어야 해요. 꼭 데려가셔야 할까요?

사랑하는 아이야.

너를 위해서는 맛있는 간식을 사줄 수도,

놀아 줄 수도, 같이 산책할 수도 있지만,

이별은 어찌해 볼 도리가 없구나.

미안해.

하지만 이 말은 꼭 기억해야 해.

사랑한다. 사랑한다.

사랑한다.

우울의 바다에
잠긴 마음

다섯째 날.

> "너를 덜 사랑했다면
>   이렇게 슬프지는
>   않았을 텐데."

　　반려동물과 이별을 했다는 사실을, 떠나보내야만 하는 상황을 머리로 이해하기도 전에 슬픔은 여러분의 감각을 통해서 먼저 찾아옵니다. 집안을 가득 채우던 발랄함, 피부로 느껴지던 따뜻함, 집에 돌아올 때마다 느껴졌던 반가움까지. 반려동물과의 사별로 인해 보호자의 마음에는 큰 구멍이 생기고, 이 상실감은 그 어떤 것으로도 채울 수가 없습니다.

　　반려동물과의 이별은 나를 행복하게 했던, 나를 즐겁게 했던, 나를 위로해 주던 존재와의 이별입니다. 함께한 시간이 많을수록, 혼자 보내야만 하는 시간은 길게만 느껴지고, 깊이 교감했던 만큼 가슴 깊은 곳에서부터 외로움이 치받쳐 올라옵니다.

꿍꿍, 깡깡, 멍멍 소리 내던 너의 목소리가 들리지 않아.

따뜻하고 보드라웠던 네 털의 감촉이 느껴지지 않아.

네 정수리에서 풍기던 익숙한 냄새가 나지 않아.

촉촉하고 보드라운 발바닥을 뺨에 비비고 싶어.

내 눈을 올려다보던 너의 눈동자가 그리워.

빛과 그림자가 늘 함께이듯, 생과 사는, 만남과 이별은, 사랑과 슬픔은 함께 존재합니다. 그러니 당신의 슬픔은 당신이 반려동물을 진정으로 사랑했다는 반증이기도 합니다.

때로는 슬픔이 엄습하여, 몸을 일으키는 것조차 힘들 수 있습니다. 이 정도의 슬픔이 과연 "정당한 것인가?"라는 의문이 들 수도 있습니다. 당신의 슬픔에 대해 다른 사람들의 시선이 곱지 않을까 염려할 수도 있습니다.

그러나 당신의 슬픔은 당연한 것입니다. 진정한 사랑

과 교감을 나누었던 존재를 떠나보낸 후, 온전하게 집중하여야 하는 감정이자 과정입니다. 당신과 반려동물의 관계는 세상에서 유일한 것이므로 그 누구도 당신의 슬픔에 대하여 타당한 기준이나 사회적인 평판을 적용할 수 없습니다.

슬퍼하세요. 그리워하세요. 안타까워하세요. 이것은 이별 후에 따라오는 정상적인 감정이며 당신의 정당한 권리입니다.

다만, 당신이 슬픔의 바다 깊숙이 침잠할 때 만남과 그 모든 교감, 사랑의 순간이 지금 슬퍼하기 위해서만 지나온 시간이 아니라는 것만 기억해 주세요. 행복하고 사랑스러웠던 추억들을 감정의 파도로 쓸어 다듬어 주세요. 다듬고 다듬다 보면 그 모든 순간들이 슬픔의 바닥에서 아름다운 보석이 되어 빛나게 될 것입니다.

저의 첫 반려견은 '사월이'입니다. 친구 부모님이 운영하는 애견 분양샵에서 처음 만났습니다. 제가 수의학과에 입학하면서 선물로 허락받은 '반려견'이었죠. 저는 유순해 보이는 시츄를 기르고 싶다는 생각을 오랫동안 해왔습니다. 하지만 분양샵에는 시츄가 없었고 고민하던 찰나 한구석에서 뭉쳐 잠들어 있던 강아지 중 한 마리가 제 쪽으로 쪼르르 다가왔습니다. 그 순간, 살면서 몇 번 느껴지지 않는 운명을 직감했습니다.

이름처럼 사월이와 처음 만난 날이 4월의 첫째 날인 만우절이었습니다. 거짓말처럼 예쁜 사월이는 저의 첫 반려견이 되었고 저를 올려보던 까만 눈망울, 몽실몽실한 털, 앙증맞은 발걸음은 아직도 제 마음속에 남아 있습니다. 그러나 막 대학생이 된 저는 학교생활 등으로 늘 밖으로 맴돌았고, 그토록 꿈에 그리던 반려견과의 생활이었건만 사월이와 함께하는 시간은 늘 뒷전으로 밀리곤 했습니다. 그래도 착한 사월이는 언제나 저의 귀가를 가장 반겨 주었고, 큰 말썽을 부리는 법도 없었습니다.

　시간이 흘러 저는 대학원생이 되었고 학교 부속 동물 병원에서 진료를 보게 되었을 때, 사월이는 겨우 6살의 나이로 뇌에 수두증이 생겨 하늘나라로 떠났습니다. 진단 및 치료과정에서 저는, 수의사로서 이성적이어야 했으나 결코 이성적일 수 없었습니다.

　　　수의사로서, 죽음 앞에서 초연한 모습을 보여야만 한다고 착각했습니다.
　　　수의사이면서도, 자신의 반려동물 건강조차 제대로 돌보지 못했다는 생각에 부끄러웠습니다.
　　　바쁘다는 핑계로, 많은 시간을 같이 보내지 못했던 시간에 죄책감을 느꼈습니다.
　　　그럼에도 동물 병원에서 마주했던, 너무 많은 병든 동물들의 투병 과정과 죽음에 마음이 무뎌져 있었습니다.

반려동물의 죽음에 대해, 슬픔을 표현하는 것은 다른 이에게 나의 약점을 보이는 것이라 오해하고 있었습니다.

빡빡한 하루 일과와 정신적인 스트레스가 많았던 시절이기도 했고, 제대로 슬퍼하는 방법조차 알지 못했습니다. 슬픔은 부정적인 감정이라고만 생각했고, 슬픔을 표현하는 것은 매우 부끄러운 행동이라고 생각했습니다. 사월이의 장례를 치르자마자, 다른 반려동물의 진료를 보아야 했고, 진료 환자 중에는 사월이와 비슷한 외모, 혹은 동일한 증상과 질병의 환자도 있었습니다. 그때마다 마음속 깊은 곳에서는 무언지 모를 무력함이 느껴졌지만, 스스로 그 감정을 억눌렀습니다. 심지어 동료 수의사 중 한 사람으로부터, 진정한 수의사라면 자신의 반려동물이라도 '부검을 통해, 병명을 명확하게 밝혀야 한다'라는 이야기를 듣고 심한 분노를 느꼈지만, 그 누구에게도 말하지 않고 묻어 두었습니다. 그런 행동들이 얼마나 제 스스로의 마음에 상처를 냈는지, 제대로 집중하지 못한 슬픔과 표현하지 못한 상실감이 얼마나 오랫동안 마음을 떠도는 것인지 알지 못했습니다. 해소되지 못하고 푸슬푸슬해진 감정의 부스러기가 훗날 다른 복잡한 감정의 소용돌이로 되돌아온다는 것도 모르고 있었습니다.

반려동물과 사별하여, 슬픔과 우울을 느끼는 분들께 말씀드립니다. 슬픔에 집중할 수 있는 환경을 만들어 주세요. 잠시 일상의 바쁨에서 벗어나 주세요.

지금 가장 가슴 아픈 사람은 바로 당신입니다. 다른 사람의 생각이나 시선에서 자유로워지세요. 사랑하는 존재를 잃는 슬픔은 사랑만큼이나 아름답고 소중한 감정입니다. 슬픔이 스스로의 모습과 행동에 투영되는 것을 부끄러워하지 마세요. 당신이 느끼는 슬픔은 조개

속의 진주와 같이, 시간이 지나면 아름다운 추억으로

당신의 마음을 밝혀줄 것입니다.

걸을 때마다 냄새를 맡는다. 냄새를 남긴다.

기다리게 해서 미안해요.

기다려 주어서 고마워요. 사랑해요.

내가 세상에서 가장 좋아하는 향기는

당신에게 안겼을 때의 그리운 냄새.

당신 주변에서 킁킁거리고 싶어요.

이런 내 모습을 보면 당신은 미소 지으며

내 머리를 쓰다듬겠죠?

당신의 그리운 체취, 따뜻한 손길, 온화한 미소,

날 부르던 다정한 목소리.

이 모든 것과 헤어져야 하는 것이 너무 가슴 아파요.

점점 당신의 냄새가 맡아지지 않아요. 더 가까이 와 주세요.

점점 당신의 온기가 느껴지지 않아요. 날 쓰다듬어 주세요.

점점 당신의 모습이 보이지 않아요. 손을 내밀어 주세요.

점점 당신의 목소리가 들리지 않아요.

내 이름을 불러 주세요.

꼭 안아 주세요. 당신의 모든 것을 기억할 수 있게.

너는 내 삶의 원천, 너는 나의 힘겨운 하루하루에

위로와 위안을 주어. 나는 다시 한번 힘차게

세상으로 나아갈 수 있었어. 사랑한다.

너는 내 삶의 기쁨, 귀엽고 순진한 행동으로

언제나 나를 미소 짓게 해 주었어. 사랑한다.

너는 내 삶의 이유, 너로 인해

나는 더 나은 사람이 되기 위해,

더욱 행복하기 위해,

더욱더 사랑을 실천하는 사랑이

되기 위해 노력했단다. 사랑한다.

나에게 너무나도 소중한 너를

어찌 떠나보내야 할까?

네가 떠난 후의 상실과 적막을

나는 견뎌낼 수 있을까?

몸을 움직일 수도, 소리 내어 말할 기운도 나지 않아.

제발 이런 나를 떠나지 마.

너의 시간이 너무 빨라서
나는 쫓아갈 수 없구나

여섯째 날.

"**다행이야,
너와 함께한 모든 시간이
행복했으니까.**"

그들과 함께하는 삶에서 우리는 매일매일 경이로움을 느낍니다. 어쩌면, 반려동물의 탄생, 성장, 노화 그리고 마지막이라는 생애의 모든 과정을 함께 할 수 있다는 것은 우리에게 큰 축복이라 부를 수 있지 않을까요?

반려견 혹은 길에서 만나서 보호하게 된 엄마 고양이의 출산을 통해서 우리는 생명 탄생의 기적을, 지극한 모정을 경험합니다. 눈도 뜨지 못하고 엉금엉금 기어 다니던 강아지나 아기 고양이가 어느새 깡충깡충 뛰어다니고 높은 곳에도 올라가는 모습에 놀라기도 합니다. 건강하고, 발랄하던 모습이 사라지며 털이 거칠어지고 색이 바래지고 행동이 느려지며 정신이 흐려지기도 하는 노화의 과정을 보면서, 안타까움과 함께 평범한 일상의 소중함을 깨달으며 인생을 배웁니다.

그러다 반려동물의 마지막이 찾아옵니다. 이를 지켜보는 것은 반려동물에게나 보호자에게나 너무 슬프고 잔인합니다. 그럼에도 마지막을 피하지 않는 것은 당신과 반려동물이 나눈 사랑을 기억하며 아름다운 마무리를 준비하는 것입니다. 아낌없는 사랑을 받던 당신, 정성 어린 돌봄을 받던 반려동물이 서로에게 주는 배려입니다.

분명 당신의 사랑과 관심에서 살아가고, 당신의 품에서 세상을 떠난 반려동물은 당신을 진심으로 사랑했을 것이며, 행복했을 겁니다. 그럼에도 당신은….

이별이 믿기지 않을 수 있습니다.

이별에 화가 날 수도 있습니다.

이별을 미룰 수 있다면 미루고 싶을 것입니다.

이별해야 한다는 사실을 인정하지만 푹 가라앉는 마음은 어떻게 달래야 할까요.

이별에 대한 모든 감정은 당신이 진정한 사랑을 실천한 사람이기에, 그 누구보다도 따뜻한 마음을 소유한 사람이기에, 삶과 인생에 대하여 진지한 자세를 가진 사람이기에 느끼는 것입니다. 감정을 가슴속에만 담아두지는 마세요. 감정 표현은 약점을 보이는 것이 아닙니다. 스스로의 감정에 집중하고, 존재의 상실을 겪어내기 위한 과정을 자연스럽게 따라가세요. 당신의 감정을 다른 사람들과 나누고, 소통하세요. 위로와 이해, 추억의 공감을 거치며 당신의 아픔을 치유하는 데 도움이 될 것입니다.

고마워. 어렵기만 한 다른 사람들과의 관계에서 주눅이 들어도, 늘 내가 최고인 듯 바라보아 줘서.

고마워, 건조한 나의 일상을, 너의 발랄함으로 채워
줘서.

고마워, 언제나 솔직한 너의 모습을 보여 줘서.

고마워, 항상 변함없이 같은 자리에서 기다려 줘서.

고마워, 다른 누구도 아닌 나에게 와 줘서.

너를 내 품에서 보내 줄 수 있어서 다행이야. 사랑한
다. 사랑한다. 사랑한다.

사람의 인생에는 많은 변화와 어려움이 존재합니다.
혼자도 감당하기 어려운 삶을, 당신은 반려동물을 돌보
면서 지내왔습니다. 시간이 흐르면 어쩔 수 없이 반려
동물과의 사별이 찾아옵니다. 그러나 이는 그들의 삶을
완전히 책임져준 자기희생의 숭고한 결과입니다. 당신
의 사랑과 희생 속에서 그들은 자신에게 주어진 시간을
보낼 수 있었습니다. 물론 그들도 순수한 마음으로 당
신을 믿고 따르며 지친 일상에 위로와 즐거움이 되어
주었습니다.

죽음은 삶의 마지막이 아니라 삶의 과정 중 하나. 우리가 새로운 생명의 탄생을 기쁜 마음으로 받아 들이 듯, 죽음을 피해야만 하는 것이라 삶을 완성시키는 하나의 조각으로 생각해 주세요. 우리는 우리가 애정을 주고받았던 반려동물을 잘 돌봐줬던 것만큼이나, 보내주는 일에도 마음을 기울여야 합니다.

나도 사랑해요. 사랑해요. 사랑해요.

당신이었기에 행복했고, 행복하게 떠날 수 있었어요.

따뜻한 당신을 만난 것은 내 최고의 행복. 고마워요.

이제는 안녕.

'안녕'은 헤어질 때도 하는 인사이지만, 만났을 때 하는 인사이기도 합니다. 죽음이라는 과정이 찾아와 비록 사랑하는 반려동물과 물리적으로는 같이 지낼 수 없게 되었지만 당신의 추억 속에서 새로운 만남을 이어갈 수 있을 것입니다. 이미 이 세상을 떠났기에 실체는 없을

지 몰라도, 당신의 사랑으로, 당신의 마음속에서 영원
히 존재한다는 걸 떠올려 주세요. 이제는 안녕. 그리고,
다시 안녕.

미안해, 좀 더 같이 시간을 보내지 못해서.

미안해, 좀 더 넓은 세상을 보여 주지 못해서.

미안해, 가끔 너에게 잔소리를 하기도, 혼내기도 해서.

미안해, 이제는 너를 떠나보내야만 해서.

미안해, 가끔은 너를 잊고.

하루하루 일상을 살게 될지도 몰라서.

언제부터인가, 산책할 때 발을 맞춰 걷는 것이 숨에 차서,

그래서 자주 멈춰 서서 걷지 않겠다고

고집부려서 미안해요.

그런 내 옆에서 천천히 걸어 준 당신,

고마워요. 그런 나를 안고 걸어 줘서,

바깥세상을 보여 줘서, 고마워요.

이런 당신과 언제까지나 함께 걷고 싶었어요.

언제부터인가, 당신의 모습이 잘 보이지 않았어요.

한 치 앞도 잘 보이지 않아 쿵쿵 부딪히곤 했죠.

이런 모습을 보일 때마다 당신 마음을 안타깝게

하고 너무 걱정하게 만들었네요. 미안해요.

혼자 있는 나를 위해 늘 불을 켜 두었던 당신, 고마워요.

내 안전을 위해 예쁜 가구도

장식품도 포기했던 당신, 고마워요.

언제까지나 당신의 눈을 보며

이야기 나누고 싶었어요.

집에서 나설 때 배웅 못 해서,

집으로 돌아 올 때 마중 못 해서, 미안해요.

잠을 자느라 소리를 듣지 못했나 봐요. 미안해요.

어릴 때도 하지 않던, 화장실 실수로

집을 어질러 놓기도 했어요. 미안해요.

늘 내 식사를 챙기고,

나를 깨끗하게 씻겨 준 당신, 고마워요.

나에게 늘 친절하고 다정하게

말 걸어 준 당신, 고마워요.

언제나 내 이름을 불러 주길,

당신에게 달려간 날 끌어안아 주길 바랐어요.

눈을 감고, 나를 생각한다면,

내 모습을 볼 수 있을 거예요.

나지막하게 내 이름을 속삭여 준다면,

나는 당신에게 달려갈 거예요.

나와의 추억을 되새겨 준다면,

나는 당신의 품에 안겨 있을 거예요

비록 나는 당신의 곁에 없지만

우리는 언제나 함께일 거예요.

내게 최고의 가족이자, 친구,

그리고 보호자였던 당신,

사랑해요. 사랑해요. 사랑해요.

언제까지나, 영원히

마지막까지
사랑해

일곱째 날.

"마지막이 더
따듯할 수 있도록
살펴 주세요."

     반려동물은 우리 곁에서 지내지만, 그들의 시간은 우리보다 빠르게 지나갑니다. 품종 혹은 생활 환경이나 개체의 특성에 따라 차이를 보이기는 하지만 반려묘와 반려견을 비교했을 땐, 반려묘가 우리에게 머무는 시간이 좀 더 긴 것으로 알려져 있습니다. 반려견 사이에서는 소형 견종이 대형 견종에 비해서 평균 수명이 길다고 합니다.

    우리 눈에는 여전히 철부지 막내이지만, 이미 황혼의 나이에 접어든 우리의 반려동물에게 작은 배려로, 남은 시간 동안 편안하고 따듯한 시간을 선물해 주세요.

세월의 흔적들이 보여요.

처음 만날 때 너무나 귀엽고, 앙증맞았던 반려동물에게도, 노화의 징후가 내려앉습니다. 반려견은 코, 입 및 눈 주변, 가슴이나 사지 및 꼬리와 같은 몸 끝부분에 희끗희끗한 흰 털들이 납니다. 반려묘는 털색이 바래는 경우가 적습니다. 젊은 시절과 거의 비슷한 모습을 유지하고 있으니 보호자는 반려묘가 여전히 건강하다고 생각하기도 합니다. 그러나 세심히 살펴보면 이전보다 피부 탄력이 감소하고 체중이 변화한 것을 체크할 수 있습니다. 이 밖에도 뼈의 치밀도와 관절의 유연성이 떨어지는 신체 내부적인 변화들로 인해 반려동물은 젊은 시절에 비해 자세도 구부정하고, 잘 움직이지도 않습니다.

많이 답답해할지도 몰라요.

반려동물들은 우리에 비해 뛰어난 신체 감각을 가지고 있지만 이 또한 점점 무뎌집니다. 백내장이나 망막 위축과 같은 안과 질환으로 차츰 앞을 보지 못하게 될 수도 있고, 발걸음 소리마저 구분하던 청각도 점점 무뎌집니다. 어두울 때는 눈앞의 사물을 잘 보지 못해 부딪히기도 하고, 넘어지기도 합니다. 언제부터인가 산책 중에 이름을 불러 보아도 알아듣지 못하고, 무서워하던 천둥소리가 크게 울려도 들리지 않아 잠에서 깨지 않습니다. 이러한 변화는 지켜보는 보호자의 마음을 아프게 하지만, 반려동물 입장에서도 불편하고 무서울 수 있습니다.

반려동물의 감각 중 가장 먼저 발달하는 것은 후각과 촉각이라고 합니다. 눈도 뜨지 못하고, 귀도 트이지 않은 갓난아이 시절에도 후각과 촉각을 사용해 어미를 알아봅니다. 어린 시절의 따듯함을 느낄 수 있도록 우리 반려동물들을 더 많이 안아 주세요. 우리의 온기와 체취를 확인하고 마음을 놓을 수 있도록, 오랫동안 기억할 수 있도록….

머리도 나이가
든답니다

예전처럼 꼬리를 흔들지 않아요.

가끔 어두운 집안을 혼자 서성이곤 해요.

밤에 일어나서 짖어요.

쓰다듬으면 도망가요.

화장실 실수를 했어요.

나를 알아보지 못하는 것 같아요.

반려동물도 나이를 먹으면 뇌가 노화됩니다. 자각능력, 외부에 자극에 대한 반응이나 새로운 것을 학습하고 기억하는 능력이 저하됩니다. 이 증상이 유난히 도드라져 특별한 관리와 지속적인 관찰이 필요한 상태를 노령성 인지장애 증후군이라고 부릅니다.

일반적으로 노령성 인지장애 증후군에서는 다음의 6가지 증상이 나타납니다. 이 중 한 가지 증상만 나타난다고 해도, 인지장애 증후군에 해당할 수 있으므로, 증상이 더 늘어나거나, 심해지지 않는지 계속해서 살펴주어야 합니다.

1. 방향감각 상실

익숙한 장소에서도 낯선 곳에 있는 것처럼 서성이거나, 어색해할 수 있습니다. 어두운 밤, 집안을 왔다 갔다 할 수도 있습니다. 이름을 불렀을 때, 다른 곳을 바라볼 수도 있습니다.

2. 상호작용 변화

갑자기 의존도가 높아져서, 혼자서도 잘 지내던 반려견이 분리불안을 보입니다. 쓰다듬어 달라거나, 가까이 오는 등의 친화 행동이 줄어들거나 없어집니다. 갑자기 무는 행동을 할 수도 있습니다.

3. 수면시간 변화

수면시간이 너무 많이 늘거나, 또는 줄어들 수 있습니다.

4. 활동량 변화

보통은 수면시간이 증가하면서 활동량이 감소하나, 드물게 이유 없이 계속 배회하는 등의 행동이 늘어나기도 합니다.

5. 불안감 증가

이유 없이 불안해하며 짖거나 울거나 이상 행동을 보이기도 합니다. 안심할 수 있도록 돌봐 주세요.

6. 화장실 문제

비뇨기계 및 소화기계에 질환이 생기면 배뇨나 배변을 참지 못할 수 있습니다. 혹은 관절 질환으로 인해서도 화장실에 가기 힘들어 화장실 실수가 발생할 수 있습니다만, 노령성 인지장애 증후군에서도 화장실 실수가 나타납니다.

　　모든 반려동물에게 해당할 수 있지만 특히 반려묘는 나이를 먹을수록 노령성 인지 장애증후군의 발생률도 높아지고 증상도 심해지는 경향이 있습니다. 게다가 반려묘는 강아지와 비교했을 때 평소에도 활동량이 많은 편이 아닙니다. 따라서 울음이나 식욕 등도 함께 세심하게 살펴보아야 합니다.

1. 과한 울음

　　통증을 표현하는 것일 수도 있으나, 상황과 관련 없이 과도하게 우는 행동을 한다면 노령선 인지장애 증후군을 의심해 볼 수 있습니다.

2. 수면주기 변화

　　반려묘는 먹는 시간과 노는 시간을 늘 일정하게 유

지할 정도로 일상의 루틴을 잘 지키는 습성이 있습니다. 그러나 나이가 들면 잠자는 시간대에도 변화가 옵니다.

3. 식욕의 변화

반려묘는 대개 여러 번 나누어 조금씩 식사를 합니다. 이런 경우 평소보다 과식하거나 혹은 식욕의 감소가 보이는지 살펴봐 주세요.

반려동물의 입장을
대신해서 정해 주세요.

　　　　사람의 경우는 치료가 불가능한 상황에서 연명의료 연장을 거부하거나, 호흡정지 상태에 대해서 심폐소생술 처치를 미리 거부하는 것이 가능합니다. 하지만, 반려동물은 우리에게 의사를 전달하는 것이 불가능합니다. 때문에 불치의 질환이나 불의의 사고로 인해 치명적인 상태에 처한 경우, 보호자는 반려동물의 치료 방식과 기간에 대한 선택을 해야 할 수도 있습니다. 생명이 위급하거나 얼마 남지 않은 경우에 반려동물을 대신하여 결정해 줘야 합니다.

　　우리는 어떤 선택을 할 수 있을까요? 가능한 모든 치료를 시도해 봐야 안타까움이 남지 않을 것 같고 치료

비도 부담이 가능한 경우라면, 적극적인 치료 및 입원 처치를 진행할 수 있습니다. 또는 처치 과정 중에도 고통이나 부작용이 우려되는 경우에는 직접적인 치료를 중단하고 통증을 관리해 주며 마지막 순간을 최대한 늦춰 주는 연명치료를 진행할 수도 있습니다. 혹은, 더 이상의 치료가 무의미하니 질병의 고통에서 자유롭게 해 주기 위해 안락사를 선택할 수도 있습니다.

어떠한 선택을 했다 하더라도 스스로를 비난하거나 죄책감을 느끼지 않아도 됩니다. 당신은 반려동물을 위한 최선의 선택을 한 것이니까요. 떠나간 혹은 떠날 준비를 하고 있는 반려동물도 당신의 선택에 동의할 것이며, 자신을 생각해 주는 당신의 고뇌와 어려운 선택에 고마워할 것입니다.

주위의 시선이나 비판은 무시하세요. 반려동물이 가장 좋아하던 장난감이나 간식을 가장 잘 알고 있는 당신, 그 누구보다 그들의 건강을 염려했던 당신, 보내야 하는 순간이 너무나도 고통스러운 당신. 그런 당신은 그 누구보다 반려동물이 원하는 마지막을 결정할 의무와 권리를 부여받은 사람입니다. 당신의 반려동물은 당신의 사랑 속에서 편안한 마음으로 떠나갈 수 있을 것입니다.

다섯

호스피스 완화치료와
삶의 질 체크.

　　호스피스와 연명의료를 혼동하는 경우가 있습니다. 연명의료는 치료효과 없이 환자의 생명연장을 위해 시도하는 '1.심폐소생술, 2.인공호흡기, 3.혈액투석, 4.항암제 투여'라는 일련의 의료 행위입니다. 호스피스 완화치료는 임종을 앞둔 환자와 그 가족에게 실시되는 신체적, 심리적, 사회적, 영적인 종합치료를 말합니다. 돌보던 반려동물과의 이별이 얼마 남지 않음을 이미 예상한 상황이라면 다음의 항목을 통해 반려동물이 보내고 있는 삶의 질에 생각해 볼 수 있습니다.

삶의 질 척도 체크하기[+]

호스피스 관리가 양호한지 확인하고 싶을 때 사용합니다. 다음 7가지 항목에 대해, 0점(가장 좋지 않은 상태)에서 10점(가장 좋은 상태)까지 점수를 부여해 주세요. 7가지 항목의 점수를 모두 더했을 때 35점 이상이면 양호한 상태입니다.

항목	판단 기준		체크
통증 (HURT)	지속적으로 비명을 지르고 몸을 떨며, 호흡이 가쁘고 매우 힘들어한다.	0점	
	기력이 저하된 상태이다. 간혹 통증을 호소하면서 호흡이 가쁘다.	5점	
	거의 통증이 없는 정상 상태이다. 호흡도 양호하다.	10점	
배고픔 (HUNGER)	맛있는 것을 줘도 식욕이 없어 며칠째 아무것도 먹지 않았다.	0점	
	맛있는 것을 주거나 손으로 주면 어느 정도 먹는 편이다.	5점	
	음식과 관계없이 식욕이 좋다. 양껏 충분히 먹는다.	10점	
수분 공급 (HYDRATION)	물을 거의 마시지 않아 눈이 움푹 들어가고 소변도 거의 보지 않는다.	0점	
	음수량이 많지 않아 배뇨가 줄고 피부 탄력도 저하됐다.	5점	
	정상적으로 충분히 물을 마시고 배뇨한다	10점	

위생 (HYGENE)	상처 부위에서 진물이나 고름이 계속 나온다. 냄새도 심하며 괴로워한다.	0점	
	이전보다 위생 상태가 좋지 않아 냄새가 나는 편이다.	5점	
	전신이 매우 깨끗하며 거의 냄새가 나지 않는다	10점	
행복감 (HAPPYNESS)	가족 등 주위 자극에 반응이 전혀 없다. 구석에서 침울해한다.	0점	
	주위 자극에 어느 정도 반응하고 간혹 우울해한다.	5점	
	가족과 즐겁게 지내고 장난감도 잘 가지고 놀며 사교적이다.	10점	
이동 (MOBILITY)	스스로 전혀 움직일 수 없다. 발작을 보이기도 한다.	0점	
	어느 정도 움직일 수 있지만 일상생활에서는 주위의 도움이 필요하다.	5점	
	정상적으로 움직이는 데 지장이 없다. 자유로이 산책하고 움직인다.	10점	
기력 (MORE GOOD DAYS THAN BAD DAYS)	일주일 이상 기력이 매우 좋지 않아 정상적인 생활이 불가능하다.	0점	
	연이어 기력이 좋지 않아서 힘들어 보인다.	5점	
	매일 기력이 아주 좋고 정상적으로 생활한다	10점	

+ '서울특별시 수의사회'의 '삶의 질 척도'를 바탕으로 작성되었습니다.

1. 통증(Hurt)

반려동물이 스스로 움직일 수 있나요? 그렇지 않다면 욕창이 생기거나 상처가 생겨도 잘 회복되지 않을 수 있습니다.

2. 배고픔(Hunger)

식사는 즐겁게 먹나요? 평소보다 식욕이 저하되거나 음식을 거부한다면 영양 부족으로 점차 신체가 쇠약해지거나 기력이 약해지게 됩니다.

3. 수분공급(Hydration)

수분은 생명 유지의 필수 조건이며 삶의 질에 있어서도 가장 중요한 요소입니다. 물그릇을 체크해 주세요.

4. 위생(Hygiene)

반려동물이 거동도 어려운 상태라면 대소변으로 인해 몸이 더럽혀질 수 있습니다. 음식물을 먹어서 혹은 음식물 찌꺼기와 침으로 입 주변이, 눈꼽 등으로 인해 눈 주변이 깨끗하게 유지되지 않을 수도 있습니다. 귀 청소와 발톱 정리도 평소보다 더 자주 필요할 수 있습니다.

5. 행복(Happiness)

아픈 상태의 반려동물에게 보호자와 가족과의 신체적인 접촉과 목소리를 통한 교감은 안정과 행복감을 느끼게 해주는 요소입니다. 반려동물의 건강이 악화되고, 정신이 흐려지면서 반응이 점점 약해질 수 있지만 꾸준한 교감은 행복의 열쇠입니다. 객관적인 평가가 곤란하고 보호자의 바쁜 일상이나 여러 상황에 의해서도 변화가 생길 수 있는 항목이니 주기적으로 살펴 주세요. 당신의 반려동물은 행복한가요?

6. 운동성(Mobility)

근골격계나 신경계의 질환을 가진 반려동물은 거동이 어려워질 수 있습니다. 이 경우 보조기를 이용하거나 보호자의 도움을 받아 이동을 도울 수 있습니다.

7. 기력(More good days than bad days)

노령의 반려동물이 치료할 수 없는 질병에 걸렸거나, 불의의 사고로 일상생활을 영위하기 어려운 경우, 통증이나 정서 부분에서 현재의 상황보다 개선될 수 있도록 배려해 주어야 합니다. 편안함을 느끼는 날들이 많도록 돌봐주세요

보호자가 여러 명인 경우, 보호자마다 기준이나 의견이 달라 삶의 질을 체크하기 어려울 수 있습니다. 그러므로 반려동물이 입원하여 치료를 받는 경우에는 수의사나 수의 간호사와 같은 전문가가, 집에서 돌보는 경우에는 가장 많은 시간을 보내는 보호자가 대표가 되어 삶의 질을 확인하고 점수를 부여하는 것이 좋습니다.

아름다운 이별이
될 수 있도록,
문을 열어두세요

　　반려동물이 오랫동안 투병하거나, 노쇠해지면서 삶의 질은 점점 낮아지게 됩니다. 정상적으로 생활하는 것이 점차 어려워지고, 고통에 몸부림칠 때면 그 모습을 지켜보는 보호자의 마음도 무척이나 안타깝습니다. 생애 남은 나날 동안 힘든 하루하루를 보내는 반려동물을 위해 안락사를 고려하게 될 수 있습니다. 그러나 남은 삶을 편안하게 보내지 못하는 반려동물을 지켜보는 것만큼이나 반려동물을 보내주기로 결정하는 것 또한 괴롭고 어려운 일입니다.

　　안락사는 생명의 존엄성에 대한 부분으로 쉽사리 결정하기 어렵습니다. 하지만, 생명의 지속과 마찬가지로 삶의 질도 중요합니다. 다른 이의 시선을 의식할 수도 있습니다. 하지만, 당신이야말로 반려동물에게 가장 좋은 것을, 옳은 것을 결정할 수 있는 사람입니다.

여러 명의 가족과 생활하는 반려동물의 안락사 결정은 가족구성원 사이에서도 의견이 어긋나는 경우가 있습니다. 이런 경우에는 가족 내부에서 충분히 의견을 교환해 한 방향으로 결정할 수 있어야 합니다. 이러한 가족 간 소통에는 힘들게 삶을 유지하는 반려동물의 상태가 유지되는지 아니면 악화되는지 표시하는 것이 도움이 됩니다. 전날과 상태가 비슷하거나 좋아진 경우에는 'O'로 표시하고, 더 나빠진 경우에는 'X'로 표시합니다. 반려동물의 상태 평가는 반려동물과 가장 많은 시간을 보내거나, 주로 돌보는 사람이 대표로 표시하는 것을 권합니다. 사람마다 체크하는 기준이 다를 수 있고, 종일 발작하다가도 가족들의 귀가 후에는 잠이 들어 편안해 보일 수도 있으니까요. 일정 기간 동안 'O'와 'X'를 표시하며 점점 상태가 안 좋아하지는 것이 확인되거나, 좋은 날보다 나쁜 날이 더 많아진다면 가족 구성원 모두가 진지하게 논의해야 합니다.

반려동물 상태 기록 예시

Month _____   Year _____

Sunday	Monday	Tuesday	Wednesday	Thursday	Friday	Saturday
O	O	X	O	O	X	

슬픈 이별이 아닌
소중한 추억으로

여덟째 날.

애도(哀悼)는
이별에 대한 예의

       모든 감정에는 그에 따른 행동이 나타납니다. 감정에 맞는 솔직한 표현은 우리 스스로를 치유하며, 다른 이로부터 전해진 공감과 위로로 치유 받거나 한층 더 정신적으로 성장하도록 돕습니다. 사랑하던 반려동물과의 사별로 인해 당신이 느끼는 상실감과 슬픔, 이를 적절하게 표현하기 위해서는 적절한 예의나 의식이 필요하고 저는 이것을 '애도'라고 말합니다.

    애도에는 각자 선호하는 방법이 있습니다. 조용한 공간에서 떠나간 반려동물과의 추억을 되새길 수도 있고, 가족이나 지인들과 반려동물의 장례를 치르면서 아픔을 나눌 수도 있습니다. 이번에는 반려동물과의 추억을 되새기고, 상실감과 슬픔을 치유하는 데 도움이 되는 애도의 구체적인 방법에 대하여 나누고자 합니다.

**마음의 상처가
아무는 데에는
시간이 필요합니다.**

　　　　사별 후에 느끼는 슬픔의 감정은 사람에 따라 지속되는 시간이 다릅니다. 며칠이 지나면 안정을 찾고 일상으로 복귀하는 사람도 있고, 몇 년 혹은 평생 동안 슬픔이 떠나지 않아 힘들어하는 사람도 있습니다. 그러나 시간의 차이만 있을 뿐 사별 후에 찾아오는 다양한 혹은 격렬한 감정을 겪어 내기 위한 시간은 누구에게나 동등하게 필요합니다.

　앞서 나온 부정의 감정은 이별이 찾아온 이유에 대한 반복적인 설명과 이해로 대부분 해소됩니다. 하지만 스스로 이별을 인정하는 시간은 따로 필요합니다. 분노의 감정에 대해서는 이를 적절한 방법으로 표현하고 배출하며 해소할 수 있습니다. 하지만 분노도 가라앉으려면 시간이 필요합니다. 협상을 통해 이별의 순간을 미룰 수도 원하는 방식으로 이별할 수도 없다는 사실을 이해하는 것도 시간이 필요합니다. 우울한 마음을 추스리는 것도 시간이 필요합니다. 사별의 순간을 준비하고, 수용하는 것 역시 충분한 시간이 필요합니다.

많은 경우, 죽음과 죽음 이후에 찾아오는 감정들을 부정인 것으로 생각합니다. 그래서 빠르게 의사를 결정하고, 모든 상황을 급하게 마무리 지으려고 합니다. 하지만 사별과 장례의 과정을 빠르게 진행한다고 해서, 상실감과 슬픔에서 자유로워지는 것은 아닙니다. 오히려, 각 감정들에 충분한 시간을 할애하고 그 감정을 돌아보는 과정을 통해서야 비로소 감정의 치유가 시작됩니다. 아무리 일상이 바쁘더라도 슬픈 이별을 아름다운 추억으로 남기는 것에는 충분한 시간을 할애해야 합니다.

사람마다 필요한 시간은 다를 것입니다. 그러나 적어도 장례를 치른 날과 그 다음 날에는 서로의 시간을 나누어 가진 반려동물과의 이별을 온전하게 애도할 수 있기를 바랍니다.

셋

마지막으로 떠나는 길,
외롭지 않게 인사해 주세요.

관련 법규가 제정되기 이전에는 집에서 돌보던 반려동물이 사망하면 공터를 찾아 바로 매장하기도 했습니다. 하지만 지금은 이렇게 매장할 수 없습니다. 대신 화장의 방법으로 반려동물의 장례를 치를 수 있습니다. 사랑하는 반려동물과 사별하는 것은 생각하기도 싫은 일이라는 것, 당연합니다. 그러나 마지막을 정성을 다해 예의를 갖춰 보내주기 위해서는 지역적으로 가깝거나 반려동물 보호자 사이에서 평판이 좋은 업체를 미리 알아두는 것을 권합니다. 막상 돌보던 반려동물이 숨을 거두면 어찌할지 무엇이 필요한지 몰라 당황하게 되고 판단도 어려울 수 있기에, 사전에 몇 가지 필수적인 사항을 가족들과 상의해 두도록 합니다.

언제 가나요?

동물 병원에서 치료를 받던 반려동물이라면 사망 후 바로 화장 업체로 운구할지, 아니면 집으로 데리고 돌아와 짧게나마 시간을 보낸 후 운구할지 결정해야 합니다. 최근 도심 지역에는 24시간 서비스를 제공하는 화장 업체도 생겼습니다. 화장과 안치를 모두 진행할 수 있는 업체를 선택하는 방법도 있습니다.

어떻게 가나요?

화장터까지 직접 운구할 수도 있고 화장 업체가 제공하는 차량을 통해서도 운구할 수 있습니다. 반려동물 보호자도 동반 탑승으로 화장 업체에 방문이 가능합니다. 다만, 귀가 서비스를 제공하지 않는 경우가 대부분이므로 교통편을 미리 확인하는 것이 좋습니다.

화장 업체에 갈 수 없는 피치 못할 사정이 있거나 심정적으로 화장 과정에는 참여하지 못하는 경우에는 화장 업체에 운구뿐 아니라 화장 및 유골의 처리까지 일임할 수 있습니다.

무엇을 어떻게 남길까요?

화장 이후 유골 형태 그대로 보존하는 것도 가능하지만, 구슬이나 보석과 같은 형태로 가공하는 서비스를 제공하는 화장 업체도 있습니다. 유골을 원상태로 보관하다가 추후에 가공을 의뢰하는 것도 가능하기 때문에 화장 당일에 결정하지 않아도 됩니다. 어떠한 형태로 유골을 처리하든 보호자가 반려동물을 추억하기 좋은 방법을 선택해 주세요. 보석으로 다듬은 유골을 집안에 두거나 늘 자신의 몸에 지니며 추억하는 사람도 많습니다.

유골 이외에 털을 보관하기도 합니다. 털이 길다면 털을 약간 잘라 두고 털이 짧다면 빗에 남은 털을 보관할 수 있습니다. 몽실한 모양의 털은 나중에 반려동물을 추억할 때 더욱 좋습니다. 제 경우에는 반려견이 노령에 접어들면서 빠진 치아를 소중히 간직하고 있습니다.

어디에 놓으면 좋을까요?

가장 먼저 떠오르는 곳은 납골당입니다. 반려동물 화

장 업체 중에는 직접 안치할 수 있는 납골당이나 추모관을 운영하기도 합니다. 또는 보호자 가족납골당에 함께 안치하는 경우도 있습니다.

　반려동물의 유골을 함께 지내던 집으로 가지고 돌아와 추억할 수도 있습니다. 보통은 가족이 함께 시간을 보내는 거실 등을 추천하지만, 사전에 가족 모두의 합의가 우선되어야 합니다.

　만약 개인 정원이 있다면, 수목장을 생각해 볼 수 있습니다. 식물을 가꾸면서, 떠나간 반려동물과 다시 교감할 수 있을 것입니다.

　개인의 것이 아닌 강이나 산에 산골(散骨)을 하는 것은 사람의 유골도 불법으로 알려져 있습니다. 때문에 사람을 화장하는 업체에서는 산골이 가능한 유택동산을 제공하기도 하는데요. 반려동물 화장 업체에서도 유택동산을 제공하는 곳이 있다고 하니 세심하게 업체를 골라 둔다면 마지막을 자유롭게 날아가게 해 주는 것도 가능합니다.

넷

메모리얼 테이블,
아름다운 추억으로
당신 곁에 머물게 해 주세요.

메모리얼 테이블(Memorial Table, 추억의 탁자)이라는 것이 있습니다. 이를 준비하고 관리하면서 반려동물에 대한 애도와 추모의 기회를 얻을 수 있습니다. 동시에 반려동물과 함께했던 따스한 추억도 이어갈 수 있습니다. 메모리얼 테이블을 만들 때 가장 중요한 것은 반려동물을 통해 느끼던 시각, 청각, 후각 및 촉각적 감각을 비슷하게나마 만들어 사라진 교감을 재현하는 것입니다. 반려동물을 돌보는 과정에서 느낄 수 있었던 느낌과 감정을 되살리며 슬픔을 다독이고 추억을 되새겨 보세요.

메모리얼 테이블의 위치는 가족들이 주로 시간을 보

내는 거실을 우선으로 추천합니다. 그러나 가족의 구성이나 주거의 형태에 따라 다양한 곳에 위치시킬 수 있습니다. 반려묘가 자주 머물던 햇빛이 들어오는 창가가 될 수도, 반려견이 보호자를 마중하거나 배웅하던 현관이 될 수도 있습니다. 또는 장식장이나 책장의 선반에 메모리얼 테이블을 준비할 수도 있습니다.

장소가 마련되었다면 반려동물과의 추억이 담긴 물건과 감각적인 상실을 채울 수 있는 물건으로 메모리얼 테이블을 꾸밉니다. 가장 먼저 떠오르는 건 유골입니다. 유골함의 재질과 형태는 보호자가 선호하며 관리가 편한 것이 좋습니다. 예를 들어 나무로 만든 집 모양이라면, 따뜻한 느낌과 함께 반려동물에게 새로운 보금자리를 만들어준다는 느낌을 받을 수 있을 것입니다.

유골을 집으로 가져오지 않았다면 대신 털이나 이빨 등을 담아 보관할 수도 있습니다. 미처 준비하지 못했다면 털을 빗기던 빗이나 자주 휴식하던 방석을 살펴보세요 간혹 화장 이후에도 이런 물건에 남아 있는 털을 발견하는 경우가 있습니다.

이 외에도 메모리얼 테이블에는 여러 가지 추억을 가꾸어 낼 수 있습니다.

반려동물의 모습을 담은 사진이나 초상화는 보호자에게 시각적인 위안을 줍니다. 더 이상 볼 수 없을 줄로만 알았던 모습을 바라보며 추억을 되새기는 데도 도움이 됩니다.

굳이 똑같은 모습이아니라도, 모양이나 색 등이 비슷해 모습을 떠올릴 수 있는 소품을 올려둡니다. 반려동물과 닮은 인형을 올려두었다가, 여행이나 산책을 나갈 때 가지고 다니면 마음의 위안에 도움이 됩니다.

식기를 통해 먹을거리를 제공하는 것은 당신이 반려

동물을 돌보는 가장 기본적인 일이었습니다. 따라서 식기는 그들을 돌보던 추억을 상기하는 데 가장 중요한 매개체입니다. 또한 반려동물도 식사 시간을 기다리며 늘 행복과 기쁨을 느꼈을 테니 그들을 위해서도 꼭 필요합니다. 메모리얼 테이블에 포함시킬 수 있도록 합니다.

만약 사료나 간식이 남아있고 매일 새로운 음식을 준비할 수 있다면, 식기에 사료나 음식을 담아두고, 매일 물그릇을 갈아 주는 것도 좋습니다. 밥을 주고 물을 챙겨 주는 행동은 그들과 함께 생활하던 당신에게 습관의 일부분이 되었을 수도 있습니다. 비록 주인이 사라진 밥그릇과 물그릇이라 할지라도 허전함을 달래고 돌봄 정서를 느끼는 데 도움이 됩니다.

장난감이나 산책줄에도 함께 나누었던 즐거움과 추억이 담겨있습니다.

그들을 품에 안고 있을 때의 체온과 같은 온감은 아니지만, 불을 붙인 촛불은 시각적인 위안과 동시에 따스함을 선사합니다. 향초를 둔다면 엷고 넓게 전해지는 향기로 후각적인 위안과 함께 깨달음도 얻게 됩니다. 향은 우리 눈에 보이지 않지만 우리는 분명 그 존재를 느낄 수 있습니다. 이는 반려동물도 우리 곁을 떠나 볼 수도 만질 수도 들을 수도 없지만 그 추억과 사랑은 영원히 우리 곁에 있을 것이라는 사실을 되새기게 해줍니다. 촛불이나 향초가 아니더라도 인공 조명 또한 애도의 매개체로 사용할 수 있습니다.

꽃은 시각과 후각 모두에 위안을 가져다 주는 좋은 애도의 물건입니다. 화분을 둔다면 이를 돌보면서, 반려동물을 돌볼 때의 감정으로 돌아갈 수도 있습니다. 오랜 기간 메모리얼 테이블을 유지한다면 관리가 수월한 조화를 애도의 매개체로 두는 방법도 있습니다.

함께한 추억을 되새길 때 마음이 편해지는 음악을 듣는다면 청각적으로도 위로를 받을 수 있습니다. 음악

종류에는 제한이 없지만 반려동물이 좋아했던 음악이 있다면 더욱 의미가 있을 것입니다.

　　메모리얼 테이블의 유지기간은 딱히 정해져 있지 않습니다. 몇 달에서 혹은 아주 오랜 시간 동안 유지될 수도 있습니다. 그러니 그 기간이 얼마나 되었든 당신이 떠나보낸 반려동물에 대한 추모나 애도가 충분하다고 느껴질 때까지 가꾸며 기억해 주세요.

다섯

추모 모임으로
슬픔을 덜어내세요.

　　다른 반려동물 보호자들과 활발하게 소통을 하고 있거나 반려동물을 떠나 보낸 아픔을 가진 보호자들이 주변에 있다면 추모 모임을 준비해 보세요. 추모 모임의 시기는 장례 직후가 될 수도 있고, 안락사로 떠나보내기 전 가족들이 모여 편안하고 따뜻한 분위기 속에서 지낼 수도 있습니다. 장례 이후 49일(7주) 후나 1년 후에 진행할 수도 있습니다. 가장 중요한 것은 반려동물 보호자의 의사입니다.

　　같은 추억을 공유할 수 있는 가족, 지인이나 혹은 동호회에서 사귄 다른 반려동물 보호자들을 초청해 추억을 나눌 수 있으며, 함께 생활한 반려동물들도 참여할 수 있습니다. 그럼 이렇게 모여 어떻게 기억하고 추모하면 좋을까요?

반려동물의 사진이나 동영상을 같이 보면서 추억을 나누어 보세요. 어렵지 않게 행복했던 기억을 떠오릴 수 있을 것입니다.

보통 반려동물의 건강을 염려하여, 보호자들은 사람의 음식을 반려동물에게 주지는 않습니다. 그러나 추모 모임에서는 고구마나 닭 가슴살 등 반려동물이 즐겼던 식재료로 음식을 준비해 참석한 보호자들과 나누는 것도 좋은 추모의 방법이 됩니다.

남은 간식이 있거나 직접 반려동물에게 간식을 만들어 먹였던 보호자라면 수제 간식을 준비해 추모회에 참석한 보호자들의 반려동물에게 선물하는 것은 어떨까요? 따뜻한 마음을 나눌 수 있을 것입니다.

참석자들이 반려동물을 떠나보낸 경험을 가지고 있다면 각자의 사연과 추억을 나누어보세요. 진심 어린 사랑과 애도가 담긴 이야기는 반려동물을 떠나보낸 상실감과 슬픔을 치유하고 위로하는 데에 도움이 될 것입니다.

반려동물에게 차마 전하지 못한 말들이 머릿속을 맴도나요? 그렇다면 그들에게 전하고픈 이야기를 정리해서 편지를 쓴 후 혼자 읽어 보거나 혹은 개인 SNS에 공유하는 것도 방법입니다. 막상 연필을 잡아보니 무슨 말을 써야할지 모르겠다는 당신이라면….

너와의 만났던 순간과 그때의 느낌

떠나보낼 때의 안타까움

같이 생활하면서 기억에 남는 순간들

너에게 가장 고마운 점

너에게 가장 미안한 점

나의 안부와 가족 그리고 친구들의 안부

소중한 추억으로 기억하겠다는 약속

이런 못다 한 말들을 차근히 적어보세요. 굳이 글로 남기지 않더라도 동영상 등 다양한 방법으로 기록해 소장하거나 다른 반려동물 보호자와 나누는 것도 추천 드립니다.

반려동물을 떠나보낸 이후, 아직 개봉하지도 않은 사료나 관리 용품이 남기도 합니다. 전염성 질환으로 세상을 떠난 경우가 아니라면 이런 미사용 유품을 정리해서 유기 동물보호소에 기부하는 것도 반려동물을 애도하는 좋은 방법입니다. 꼭 남은 물품이 아니라도 반려동물의 이름으로 필요한 곳에 기부금이나 물품을 전달한다면, 당신과 반려동물의 사랑을 다른 생명과 나누는 의미를 남길 수 있을 것입니다.

유기 동물보호소에서 봉사 활동을 하거나 길에서 생활하는 고양이를 돌보는 봉사를 할 수도 있을 것입니다. 다만 봉사활동은 반려동물을 떠나보내는 상실감과 슬픔이 어느 정도 가라앉은 후 참여해 주세요. 감정을 추스르지 못한 상태라고 생각된다면 충분한 애도의 시간을 보내며 마음을 가다듬은 후에 참여하는 것이 좋습니다.

반려동물을 혼자서 돌보는 경우에도 가족과 함께 기르는 경우에도 이들과의 사별 이후 각자가 느끼는 감정의 크기나 표현은 다릅니다. 슬픔을 세차게 쏟아내는 사람이 있고, 슬픔이 너무 커 겉으로 표현조차 못 하는 사람이 있습니다. 가득 찬 슬픔을 잘 흘려보내는 사람이 있고, 단단하게 굳어버린 슬픔을 이러지도 저러지도 못하는 사람이 있습니다. 때로는 혼자서는 감당하기 힘든 감정을 피해 방황할 수 있습니다. 이런 경우라면, 가족이나 지인이 도움을 주거나 혹은 스스로 도움을 청하는 용기를 내야 합니다.

지금 내가 느끼는 사별로 인한 슬픔과 상실감은 도움을 받아야 하는 수준일까요? 가족이나 지인의 펫로스에 적극적인 개입이 필요할까요? 이러한 물음 해결에 도움이 되도록 '펫로스 자가 진단표'를 준비했습니다. 꼭 필요한 도움을 놓치지 않도록 진실하게 체크해주세요.

펫로스 자가 진단 하기[+]

반려동물을 떠나보낸 이후 나는….	아니다	가끔 그렇다	자주 그렇다	항상 그렇다
삶에서 아무리 열심히 노력해도 성과가 없을 것 같다는 생각이 든다.				
앞으로의 미래가 더욱 암담해질 것이라 생각된다.				
아침이 와도 활기차지 않고 우울하다.				
잠을 잘 이루지 못한다.				
머리가 멍하거나 두통이 있기도 하다.				
식욕이 줄었다.				
체중이 눈에 띄게 줄었다.				
소화가 잘 되지 않는다.				
일상생활에서 건망증이나 실수가 잦아졌다.				
좋아하던 취미나 관심사에 대한 흥미가 줄었다.				
다른 사람들의 대화나 외부에서의 소리가 몹시 거슬린다.				
요즘 아무 이유 없이 가슴이 두근거린다				
안절부절하고 진정하기가 어렵다.				
전보다 더 초조하고 불안한 것 같다.				
다른 사람에게 폐를 끼치는 것 같다.				

	아니다	가끔 그렇다	자주 그렇다	항상 그렇다
다른 사람들이 내 흉을 보거나 욕하는 것 같다.				
내가 없어지면 가족이나 지인이 편해질 것 같다.				
반려동물 생각이 나면 울음이 터지거나 울고 싶어진다.				
다른 반려동물을 똑바로 보거나 쓰다듬을 수 없다.				
다시는 반려동물을 기를 수 없을 것 같다.				

⁺보건복지부에서 제공하는 우울증 자가 진단표를 기준으로 작성되었습니다.

[점수 계산하기]

아니다   _____ 개 × 1점 = _____ 점 ⎤
가끔 그렇다 _____ 개 × 2점 = _____ 점 ⎥
자주 그렇다 _____ 개 × 3점 = _____ 점 ⎥   _____ 점
항상 그렇다 _____ 개 × 4점 = _____ 점 ⎦

[결과]

50   60   70

50점 미만: 사별의 감정을 잘 겪어내고 있습니다.

50~60점 미만: 경증의 펫로스 증후군입니다. 반려동물과의 행복한 추억을 떠올려 보세요.

60~70점 미만: 중증도의 우울증일 수 있습니다. 펫로스 상담가나 동반자에게 도움을 청하세요.

70점 이상: 중증의 우울 증세로 보입니다. 전문 정신과의 상담과 진료가 필요하니 반드시 주변의 도움을 받으세요.

**조언이 아닌 배려,
제안이 아닌 공감,
상담이 아닌 동반**

계속 생각이 나지 않도록, 다른 일에 집중해 봐.

집에만 있지 말고, 외출을 하는 게 어때?

돌보고 있는 다른 아이들을 생각해서라도, 힘을

내렴.

떠난 아이도, 이렇게 힘들어 하는 것을 알면 슬퍼

할 거야. 기운 내.

어쩔 수 없는 일이야. 잊어버려.

마침, 떠난 아이와 닮은 유기묘를 보호소에서 봤

는데, 입양을 고려해 봐.

언제까지 이렇게 지낼 거야? 그 정도면 충분해.

반려동물을 떠나보낸 뒤 힘들어 하는 사람에게 많은

이들이 건네는 말입니다. 분명 힘든 시기를 지나는 이를 걱정하는 마음에서 나온 말이기는 하지만, 이런 위로의 말이 정말 도움이 될까요? 저는 큰 도움이 되지 않는다고 생각합니다. 펫로스로 인한 상실감과 슬픔이 너무 크기 때문이기도 하겠지만, 저 말들은 위로가 아닌 조언이기 때문입니다.

사랑하는 반려동물, 가족 혹은 자식이라고 생각했던 그들을 떠나보냈습니다. 그 슬픔을 주변 지인에게도 심지어는 가족들에게도 제대로 보이지 못하고 점점 우울한 감정의 바닥으로 가라앉고 있는 그들에게 '무엇 무엇을 해라'라고 조언하는 것은, 의도와는 달리 무척이나 잔혹한 말이 될 수 있습니다. 힘든 무게의 짐을 짊어진 사람에게 옆에서 그 짐을 잘 나를 수 있는 방법을 말하는 것은 누구나 할 수 있습니다. 그러나 그 짐을 나누어 짊어지는 것이야 말로 그들을 진정으로 돕는 것입니다.

일곱

감정에
집중할 수 있도록
배려해 주세요.

　　그렇다면 그 짐을 나누어 들어 주려면 어떻게 해야 좋을까요? 반려동물을 막 떠나보낸 보호자가 있습니다. 반려동물의 주검에서 오열하고, 눈물을 흘리고 있는 이 보호자를 억지로 진정시키려고 하지 마세요. 마주한 슬픔과 상실감을 숨기지 말고 그에 상응하는 감정을 밖으로 터트려 낼 수 있도록 해 주세요. 주변의 시선이나 무언가 해야 한다는 생각에 '진정해', '괜찮아, 괜찮아'라고 다독거리지 마세요. 가슴속에서부터 차오르는 격렬한 감정을 표현하지 못하게 한다면, 그 상처는 마음속에 남아 빠지지 않은 가시처럼 보호자의 마음을 계속해서 아프게 할 것입니다.

눈물을 흘리는 보호자에게 손수건이나 휴지를 건네 주세요. 온전히 슬픔에 집중할 수 있도록 주변이 조용할 수 있게 정리해 주세요. 보호자의 오열이 다른 사람들에게까지 들리는 경우에는 상황을 설명하고, 양해를 구해 주세요. 보호자가 자신의 감정을 충분히 표현할 수 있도록….

보호자를 위해 따뜻한 차나 생수를 준비해 주세요. 보호자를 대신해서, 장례업체나 화장 업체를 알아봐 주세요. 보호자의 옆에 앉아 주시거나, 곁을 내어주세요. 슬픔에 집중할 수 있도록, 침묵해 주세요.

보호자의 마지막 인사와 기도에 귀기울여 주세요. 당신의 배려 속에서 충분히 애도할 수 있도록….

마음의 안정을 위한
공감을 해주세요

　　　장례식장에서 반려동물에게 마지막 인사를 전하는 보호자를 위해서는 조용한 음악을 준비해 주세요. 종교 음악도 좋습니다. 이런 음악은 보호자의 마음을 차분하게 안정시킵니다. 반려동물에게 하는 작별 인사, 함께했던 추억 이야기에 귀 기울여 주세요. 공감이 된다면 가볍게 고개를 끄덕이거나, 조용한 목소리로 호응해 주세요. 너무 큰 몸짓은 마음을 불안정하게 만들 수 있습니다.

　　그런 일도 있었구나. 참 즐거웠겠다.

　　너희는 서로 참 잘 맞았었지.

　　맞아, 그 아이는 참 예쁘고 귀여웠어.

너는 그 아이에게 최선을 다했다는 것 잘 알아.

그래, 네 말대로 좋은 곳으로 갔을 거야.

보호자의 감정을 안정시키고자 무언가를 제안하거나 조언하는 것은 하지 말아 주세요. 펫로스를 겪는 사람을 곁에서 도와 주고 싶을 때 가장 중요하고 것은 슬픔과 상실감에 빠진 보호자의 이야기에 귀기울여 주는 것입니다. 도움을 주는 사람으로서 '들어 주는 역할'이자 '힘든 시간을 함께 해 주는 역할'이면 충분히 도움이 된다는 사실을 기억해 주세요.

Not 'Do'
Just 'Be'.

반려동물을 떠나보낸 이후 오랜 시간 힘들어 하는 보호자도 있습니다. 이들을 위해 추억 만들기에 동반해 주세요. 펫로스를 겪는 사람을 돕는 방법은 '조언'이나 '제안'을 통한 '상담'이 아니라, '경청'과 '교감'을 통한 '동반'입니다. 사별 이후 밀려오는 슬픔과 상실감으로 인한 격렬하고도 복잡한 감정을 보호자가 온전히 겪어 내고 스스로 치유할 수 있도록 옆에서 보조하는 것이야 말로 펫로스로 힘들어 하는 이들을 돕는 방법입니다.

펫로스로 힘들어 하는 사람을 도울 때는 이 말을 기억해 주세요. Not 'Do' Just 'Be'. '무엇을 하라'고 말하는 사람이 아닌, '같이 있어 줄게'라고 말하는 사람이 되어 주세요. 섣부른 조언이 아닌, 따듯한 배려를 보여 주세요. 감정을 추스르라는 제안이 아닌, 감정을 이해하는 공감을 해 주세요. 마지막으로, 슬픔에 대한 상담이 아닌, 추억에 대한 동반을 해 주세요.

추모회를 계획해 주거나 이에 참석하는 것도 보호자의 슬픔을 소중한 추억으로 간직하는 데에 도움을 줍니다. 하지만 이때도 가장 중요한 것은 반려동물 보호자의 의사입니다. 그들이 원하는 것에 귀를 기울여 주세요.

작은 선물로도 보호자의 반려동물과의 추억에 동반할 수 있습니다. 떠나간 반려동물과도 자주 시간을 보냈다면, 반려동물에게 보내는 형식의 엽서나 편지를 준비해 주세요. 메모리얼 테이블에 두기에도 좋은 꽃이나 화분 혹은 향초는 보호자에게 시각적이거나 후각적인 위안을 줍니다. 반려동물의 사진을 가지고 있거나,

직접 그림을 그릴 수 있다면 액자나 초상화를 선물하는 것도 좋은 추억의 선물이 될 것입니다.

새로운 만남을
준비하기 전에

　　　　반려동물을 떠난 보낸 상실감과 슬픔을 회복하기 위해 새로운 반려동물의 입양을 생각하는 경우도 있습니다. 보호자 스스로 필요에 의해 고민할 수 있고, 가족이나 지인이 권할 수도 있습니다. 하지만 보호자가 겪고 있는 감정은 같이 지내던 반려동물과의 이별로 인한 것으로 새로운 반려동물과의 만남이 이를 대체할 수 없습니다.

　　반려동물이 노령으로 세상을 떠난 경우, 오랜 시간 함께 시간을 보내며 훈련과 교육을 통해, 생활 습관의 공유를 통해 보호자와 함께 생활하는 데에 큰 문제를 끼치지 않았을 가능성이 높습니다. 그러나 새롭게 가족이 된 반려동물은 이전의 반려동물보다 보호자가 돌보는 데에 많은 시간과 노력을 할애야 합니다. 이미 성장한 유기 동물을 입양한 경우에도 성격이나 행동이 너무 달라 당황할 수 있습니다. 자칫하면 보호자는 반려동물과 이별한 스트레스에 새로운 반려동물과 익숙해져야 하는 스트레스까지 더해져서 배로 힘들어 질 수 있습니다.

그럼에도 새로운 인연을 맞이하기 위해 용기를 내는 분들을 위해 반려동물과의 사별 후 새로운 반려동물을 입양하는 것에 대한 몇 가지 조언을 드리려고 합니다. 이를 참고하며 보호자님의 성향이나 상황에 따라 가장 적합한 선택을 해 주세요.

우선 새로운 반려동물을 만나려면 충분한 시간이 필요합니다. 떠나보낸 반려동물에 대한 애도와 추모를 충분히 마친 상태에서, 새로운 반려동물을 맞이하는 것에 대해 검토하는 것이 좋습니다.

이전 반려동물과 다른 종이나 다른 품종을 선택하는 것도 고민해 보세요. 같은 종, 동일한 품종의 반려동물을 들이는 경우 이전 반려동물에 대한 사랑과 익숙함에 젖어 새롭게 가족으로 맞이한 반려동물을 이미 떠난 아이와 비교할 수 있습니다. '몽이는 금방 화장실을 가렸는데', '사랑이는 내게 폭 안겨 있곤 했는데'와 같이 말이죠. 특히나 과거의 교감이나 추억을 떠올리며 동일한 품종의 반려동물을 맞이했다면, 성격도 다르고 외모도 기대한 것과 다른 점이 보일 때마다 실망할 수 있습니다. 그러나 전혀 다른 종과 품종의 반려동물을 맞이한 경우에는 이전 반려동물과의 비교를 줄일 수 있고, 오히려 비슷한 행동이나 습관을 보일 때면 그런 모습에서 친근감을 찾을 수 있을 것입니다.

반면 고유의 외모와 성향을 가지는 경향이 많은 특별한 품종의 반려동물과 함께했던 경우에는 다르게 생각해볼 수도 있습니다. 이전 반려동물이 가지고 있던 품종 특유의 고유 특성이 보호자와 잘 맞았다면 같은 품종의 반려동물을 가족으로 맞이하는 것이 더 나은 선택이기도 합니다.

이것도 좋고 저것도 좋다하니 무슨 장단에 맞춰야 할지 모르겠다고요? 모름지기 가장 중요한 것은 이전에 사랑했던 반려동물과 새로이 가족이 된 반려동물이 전혀 다른 생명이며 서로를 비교할 수 없다는 것입니다. 새로운 반려동물을 떠나간 반려동물의 대체제로서 맞이해서는 안 된다는 것입니다. 새로운 가족과의 만남으로 당신의 마음에 있는 사랑을 다시 실천하고, 새로운 추억을 쌓아 보세요.

그러나 많은 보호자들은 반려동물과의 이별을 겪은 후 다시 새로운 반려동물을 맞이하는 것을 거부하기도 합니다. 사랑했던 반려동물을 떠나보는 과정이 너무나도 힘들었기 때문일 것이며, 또한 그런 아픔을 다시 겪지 않고 싶다는 스스로에 대한 보호일 것입니다. 그러나 새로운 만남은 추억에 대한 배반이 아닙니다. 새로운 사랑도 또 다른 예정된 이별이라고 생각하지 말아 주세요.

당신이 새로운 만남과 사랑을 거부하는 것은 펫로스가 완전히 치유되지 않았다는 사실을 의미하기도 합니다. 반려동물을 떠나보내는 과정을 완전하게 마치지 못했기 때문에, 이별의 아픔만이 가슴에 남아 있는 상태인 셈이죠. 그러니 상처가 아물도록 스스로를 잘 다독여 주세요. 훗날 새로운 인연이 찾아왔을 때 다시 행복과 만날 수 있길 바랍니다.

저는 사람들이 경제적이나 시간적 여유가 있어 반려동물과 함께하는 것은 아니라고 생각합니다. 반려동물과 함께 하기 위해서는 많은 희생이 뒤따릅니다. 매일 같이 돌보기 위해 친구와의 여행이나 퇴근 후 모임을 포기해야 할 수 있습니다. 관심사나 취미에 할애할 수 있는 시간이나 금전을 반려동물에게 할애해야만 할 수 있습니다. 이런 어려움 속에서도 당신은 반려동물의 삶을 끝까지 돌봐 주고, 사랑으로 살펴 주었습니다. 개인적인 삶에서 누릴 수 있는 즐거움과 행복을 추구하는 것을 넘어서, 마음속에 간직한 사랑을 실천해 주었습니다.

이런 당신은 하늘로부터 그 아름다운 마음씨와 동물과 교감하는 능력을 부여 받은 사람입니다. 반려동물과 함께해 준 당신, 사랑을 실천할 수 있고 사랑받을 자격이 있는 당신이 앞으로의 삶에서도 이들과의 교감의 끈을 놓지 않았으면 합니다.

순돌이에게

순돌아, 미안하고 고맙고 사랑해!

순돌아, 미안해. 아빠는 사실 우리 순돌이와 처음 만난 날짜를 기억하지 못해. 우리 순돌이는 아빠가 동물 병원에서 일하면서 만나는 수많은 강아지들 중에 하나였으니까.

하지만 이제 아빠는 평생 11월 21일이라는 날짜를 기억하겠지? 별처럼 반짝이는 눈을 가진 순돌이가 하늘나라로 간 날이니까. 네가 떠난 오늘 새벽에 하늘도 슬픈지, 보슬비가 내리고 있더라.

스물일곱 해를 지낸 우리 순돌이는 국내 최고령견이라는 별명이 있지. 그래서 너의 건강함이 너무 당연한 것이라 생각했고, 수의사라는 직업을 가진 것에도 너무 자만했던 것 같아. 너를 보낼 준비를 오래 전부터 해 왔다고 생각했는데….
아빠는 오늘 너무 당황스럽고 마음이 아팠단다.

평소에도 워낙 조용하고 의젓하게 지냈기 때문인지 동생들인 강아지와 고양이는 네가 다른 곳으로 간 것을 모르는 것 같아. 방금 전에도 서로 안기겠다고 아우성을 치더구나.

혼자만 온전히 받아도 모자랐을 사랑을 오지랖 넓은 아빠 때문에 너무 많은 형제들과 나눠 갖게 해서 정말 미안해. 하지만 우린 다들 아픔과 상처를 가지고 만났잖아. 이해해 줄 거지?

어떤 사람들은 고작 개가 죽었는데 유난을 떤다고, 세상에 얼마나 불쌍하고 딱한 다른 사연들이 있는 줄 아냐고 말하지도 몰라. 그래서 아빠는 내일도 평소와 같이 말하고 행동하고 웃고 있을지도 몰라. 하지만 아빠의 마음속에는 늘 순돌이가 있을 거야. 약속할게.

순돌아 고마워. 동물 병원 수의사가 되겠다고 아는 사람 하나 없는 서울에 올라왔던 아빠는 유난히도 예민하고 까칠해서 다른 사람들에게 쉽게 마음의 문을 열지 못했단다. 그렇게 외로워하던 아빠의 삶에서 우리 순돌이는 한 줄기 빛과 같은 존재였어. 아빠의 평생 꿈이었던 동물 병원 수의사로서의 삶이 순탄치 않았을 때도 너는 아빠가 살아갈 수 있게 한 유일한 안식처이자 버팀목이었어.

늘 아침을 먹자마자 바로 낮잠에 드는 너였기에, 최근 몇 년 동안 너의 배웅을 받지 못했는데 떠나기 전에 마지막으로 출근길 배웅해줘서 고마워. 아빠의 늦은 퇴근까지 떠나지 않고 버티다가 아빠 옆에서 하늘나라로 떠나줘서 정말 고마워. 또 아빠가 지금까지 봐 온 무지개다리를 건넌 친구들 중 그 누구보다도 단정하고 온전한 모습을 마지막까지 보여줘서 정말 고마워.

순돌아 사랑해. 아빠는 순돌이와 함께한 모든 순간에 그랬던 것처럼 앞으로도 늘 순돌이를 사랑할 거야.
순돌아 사랑하고 사랑한다.

2018년 11월 21일 새벽. 저와 오랜 시간을 함께했던 반려견 '순돌이'가 세상을 떠났습니다. 순돌이와의 이별이 꽤 오래전부터 예정되었기 때문에 나름의 마음가짐도, 이별 이후에 슬픔이 찾아왔을 때 스스로에게 건넬 위로도 준비되었다고 착각했었습니다. 또한 많은 보호자들이 그랬듯이 반려동물을 떠나보낸 후 슬픔을 벗어나야 하는 이유를 찾았습니다. 슬픔과 상실감은 피해야만 하는 장애가 아니라 사랑했던 존재와의 이별을 아름다운 추억으로 만들기 위해 겪어야만 하는 과정이라는 사실을 저도 그때는 알지 못했습니다.

순돌이는 27살까지 장수한 반려견이었습니다. 하지만 아무리 오랜 시간을 함께 보낸다 해도 후회지 않을 만큼 충분한 시간이 과연 있을까요?

저는 수의사로서 많은 반려동물의 죽음을 지켜봤습니다. 하지만 많은 정보와 경험들이 이별의 아픔으로부터 자유롭게 해 주지는 못하였습니다. 또한 제게는 순돌이 말고도 돌보고 있는 다른 반려동물이 있었습니다. 하지만 순돌이가 만든 마음의 빈 공간은 다른 존재가 대체할 수 있는 것이 아니었습니다.

지금도 순돌이를 떠나보낸 슬픔이 끝났다고 생각하지는 않습니다. 다만, 다른 형태와 정도로 바뀌어서 제 마음 한 곳에 자리 잡고 있을 뿐입니다. 이 감정은 제가 순돌이를 아끼고 사랑했던 만큼 소중한 것입니다. 우리가 함께 만들어 낸 소중한 추억들과 함께 제 삶을, 그리고 반려동물에 대한 옳은 생각과 함께 이들에 대한 사랑을 충만하게 해 줄 것이라 믿습니다.

별이 된 아이들과
무지개 다리를 그리는 사람들

인사할 시간조차
부족했던 이별

　　많은 사람들은 생각합니다. 같이 보낸 시간이 짧다면, 떠나보내는 슬픔이나 상실감이 크지 않을 것이라고요. 그러나 사별의 슬픔은 함께한 시간뿐 아니라 반려동물과 보호자의 교감에 의해서도 영향을 받는 듯합니다. 실제로 동물 병원에서는 근무하면서 돌보던 입원 동물의 사망으로 수의사들과 수의 간호사들이 큰 슬픔에 빠지곤 합니다. 자신이 보호자가 아니더라도 말입니다. 마찬가지로 입양한 지 얼마 안 되었다고 하더라도 나에게 의지하고 졸졸 따라다니고 귀여운 강아지가 사고로 인해 세상을 떠나거나, 구조하여 인공 포유를 하던 아기 고양이와 영원한 이별을 할 때도 사람들은 깊은 슬픔과 상실감에 빠지곤 합니다.

잠시, 떠나보내기에는 너무 어렸던 쪼코 이야기를 해볼까 합니다. 쪼코는 아주, 아주 예쁘고 작은 2달이 갓 된 아기고양이였습니다. 쪼코를 입양한 신혼부부는 길을 지나다가 우연히 펫샵의 유리창 너머로 쪼코와 눈이 마주쳤고, 곧바로 사랑에 빠져 쪼코를 가족으로 맞이할 수밖에 없었다고 합니다. 그러나 새로운 가족을 만난 기쁨도 잠시, 쪼코는 고양이에게 치명적인 '전염성 복막염'에 감염되어 있었습니다.

다른 아기 고양이들이 더 건강하고 오래 살기 위해 동물 병원에 방문하는 것과 달리, 쪼코는 아프지 않기 위해서 병원을 오가야 했습니다. 쪼코를 분양받은 곳으로 돌려보내라는 지인들의 권유가 있었지만, 부부는 쪼코가 걱정되어 차마 그렇게 하지 못했습니다. 그렇게 쪼코가 두 부부와 같이 지낸 시간은 고작 3주. 이 중 열흘 동안 쪼코는 스스로 밥을 먹지도, 화장실을 가지도 못했습니다. 심지어는 혼수상태에 빠져 심한 경련 증상을 보이며 부부의 마음을 아프게 했습니다.

　어떤 분들은 반려동물에 대한 지식이 없는 상태에서, 귀엽다는 이유로 갑작스럽게 반려동물을 맞이한 것이 옳지 않았다고 말할 수도 있습니다. 하지만 짧은 인연임에도 쪼코의 마지막을 지켰던 부부의 마음은 참으로 애틋하고 무조건적인 것이지 않았을까요? 때문에 부부는 쪼코가 떠난 이후 심한 죄책감을 느꼈고, 동시에 쪼코 분양한 곳에 대한 불신과 분노로 힘든 시간을 보내야 했습니다.

　쪼코의 보호자 분들을 위해서, 가장 먼저 한 일은 급여 튜브며 수액을 맞았던 주삿바늘 등 쪼코에게 남은 그림자들을 지우는 것이었습니다. 보호자의 심적인 고통을 줄여 주기 위해서 처음 만났을 때처럼 깨끗하고 예쁜 모습으로 보내주는 것이 이별 준비의 시작이었습니다.

정성 들여 몸을 씻기고 털을 빗겨준 쪼코를 따뜻한 색과 질감의 운구함에 넣어 처음 입양되던 날, 쪼코를 감쌌던 수건을 함께, 쪼코가 하늘나라로 갔던 6월 한창이던 수국 꽃다발을 함께, 채 가지고 놀지 못한 장난감과 남은 사료를 함께 담아 장례 업체로 보내 주었습니다.

이후 분양처에 대한 배신감으로 법적인 소송도 고려하고 있었던 부부에게 우선 작은 조언을 드렸습니다. 정당한 권리를 주장하는 것도 이별의 책임을 찾아 그 대상에게 분노하는 것도 중요한 만큼 용서와 이해 또한 중요하다는 것을 말입니다. 쪼코를 떠나보내는 과정이 타인과의 다툼으로 망가지지 않도록, 자신들만의 추모가 될 수 있도록 말을 건넸습니다.

사실 쪼코가 앓았던 전염성복막염은 사망률이 높고, 생존한다 하더라도 후유증을 겪거나 평생 약을 복용해야 할 수도 있습니다. 어쩔 수 없는 이별이었으며 전문가로서 충분한 정보를 제공하는 것은 의무이자 책임입니다. 하지만, 보호자가 겪고 있는 극렬한 감정의 기복과 상실감에는 정보 제공에 대한 이해나 동의를 넘어 그들의 슬픔에 공감하고 동행하고자 했습니다.

　그렇게 이별로부터 1년 반이 지난 후 부부가 다시 동물 병원을 방문했습니다. 쪼코와 너무나도 비슷한 아기 고양이와 함께였습니다. 부부도 쪼코와 같은 품종에, 닮은 모습에 마음이 움직여 아이를 데려왔다고 했습니다. 그전까지 보호자는 1년이 넘는 기간 동안 쪼코를 보낸 슬픔을 치유하는 과정을 보냈고, 새로운 만남을 가슴으로 받아들일 준비가 되었다고 스스로 판단된 시점에 새로운 반려동물을 맞이했다고 했습니다. 충분한 애도 기간이 사랑이 연장선으로 이어진 것입니다. 이는 또 다른 방식으로 쪼코를 추억하는 것이며, 진정한 사랑의 실천이라 생각됩니다.

둘

어린이 보호자에게도
인사할 시간이 필요합니다

　　많은 부모님들은 '죽음'이라는 상황이 자녀들에게 부정적인 영향을 미칠 것이라 생각하여, '죽음'이라는 단어를 언급하는 것조차 꺼리곤 합니다. 하지만 아이는 일반적으로 3세 때부터 죽음과 이별에 의한 분리에 대해 반응을 보이며, 3~6세부터는 나무나 꽃의 성장과정을 보면서 삶과 죽음에 대한 인식을 시작한다고 합니다. 이때 죽음에 대한 두려움과 함께 사라지는 것을 다른 무언가로 대체하고 싶다는 욕구도 느낀다고 합니다. 장난감을 잃어버리면, 비슷한 장난감을 갖고 싶어 하는 행동을 보이는 것처럼 말이죠. 이후 6~8세가 되면 죽음과 사후 세계에 대한 인식이 생긴다고 합니다. 그러니 어린이가 반려동물과 함께 자랐고 유치원이나 초등학교에 다니는 정도의 연령이라면, 반려동물의 죽음에 대해 "할머니네 집에 갔어.", "다른 곳으로 놀러갔어."라고 말하는 것은 더 큰 상처를 줄 수 있습니다. 그보다는 반려동물이 떠나게 된 이유와 함께 반려동물이 어린이를 많이 사랑했다는 이야기를 전해 주세요.

> "○○이가 아파서, 우리를 떠날 수밖에 없었어. 아마 하늘나라에 가서 편히 쉬고 있을 거야. ○○이도 우리를 사랑했기 때문에 떠나는 것이 슬펐을 거야. 마음속으로 ○○이에게 사랑한다고 이야기해 주면, ○○이가 행복해 할 거야."

이번에는 새로운 인연으로 이어진 '코코'와 '쵸코' 이야기를 들려드릴까 합니다. 코코에게는 엄마 보호자 외에 언니 보호자도 있었습니다. 코코의 엄마는 자녀가 성장해서 바빠지면 코코가 외로워질까 염려했고 이를 위해 새 반려견을 들인다면 코코와 혈연관계였으면 좋겠다고 생각했습니다. 그렇게 코코의 출산 프로젝트가 진행되었고 코코는 순조롭게 임신을 하여 분만을 기다리고 있었습니다.

그런데 분만 예정일이 1주일 정도 남은 시점에서 코코는 조산하게 됩니다. 집에는 코코와 아직 어린 코코의 언니만 남아 있는 상황이었고 제가 급하게 찾아갔지만 이미 세 마리의 강아지는 숨을 거둬, 차가워진 상태였습니다. 산도에 걸린 강아지 하나를 가까스로 유도분만시켰지만 이 강아지 또한 상태가 좋지 않았습니다. 강아지의 출산이라는 상황을 홀로 처음 목격한 코코의 언니도 무척이나 놀란 상태였고, 세 마리 강아지가 죽은 것에 대해 심한 책임감을 느껴 무척이나 우울하고, 의기소침해했습니다.

그러나 살아남은 강아지 쵸코도 얼마지 않아 인큐베이터에서 세상을 떠났습니다. 코코의 엄마는 딸이 이미 심한 죄책감과 슬픔을 느끼고 있었고, 진로 상 중요한 대회를 앞두고 있어 또 다시 죽음을 알리는 것에 걱정이 많았습니다. 결국 '어른'들은 상의 끝에, 코코 언니에게 거짓말합니다. 푸들브리더에게 연락하여, 같은 날에 태어난 강아지를 수소문하여 입양 받은 것이죠. 2달 뒤, 세상을 떠난 쵸코의 이름을 이어받은 강아지가 코코의 집에 새로운 가족이 되었습니다. 다행히 코코는 새로운 '쵸코'를 잘 받아들여 주었고, 두 반려견은 지금도 가족들의 사랑을 받으며 살고 있습니다.

    사실, 이 사연은 펫로스를 겪고 계신 분들이나 다른 이의 슬픔을 공감하고 도우려는 분들께 들려 드리기에는 매우 부끄러운 이야기입니다. 죽음에 대한 고찰에 있어서 삶과 죽음은 공존하는 것이자 긍정적이거나 부정적인 것으로 구분할 수 있는 것이 아니기 때문입니다. 당시에는 제가 펫로스 동반에 대한 교육을 접하지 못한 상태였기도 하였고, 자녀를 양육한 경험도 없었습니다. 다만 코코 언니 보호자에게 쵸코의 일을 이야기해 주고, 그로 인한 감정을 스스로 겪어낼 수 있는 기회를 주었다면 어땠을까 하는 아쉬움이 지금도 남아 있습니다.

실제로, 동물 병원에서 일하는 기간 동안 자녀들이 상처받거나 슬퍼하는 것을 조금이나마 줄여보고자 자녀들이 부재중일 때 안락사를 의뢰하는 경우, 반려동물의 사망에 대해 함구하며 장례를 대신 진행하여 달라고 부탁하는 경우를 많이 마주하곤 했습니다. 자녀들의 심정은 부모님들이 가장 잘 알고 살피리라 생각되지만, 자녀가 반려동물과 함께한 시간이 오래고 학업도 시작한 정도의 나이라면 마음속으로 반려동물을 보낼 수 있도록 도와주는 것도 고려해 주시면 좋겠습니다.

셋

이별하기
충분한 시간은
없습니다.

반려동물은 우리보다 짧은 시간을 살다가 떠나갑니다. 몇몇 반려동물은 평균 수명보다 장수하여, 오랜 시간 동안 보호자와 함께하기도 하지만, 아무리 긴 시간이라 하더라도, 보호자에게는 부족하게 느껴질 것입니다. 많은 보호자는 어떻게 하면 반려동물의 수명이 길어질지 고민하고, 건강도 살펴줍니다. 반려동물이 오래오래 건강하게 사는 것은 무척 중요한 일입니다. 하지만 그 삶에서 얼마나 많은 사랑을 받았고, 행복하게 지냈는지 살피는 것 또한 간과해서는 안 됩니다.

이번에 말씀드릴 '여우'는 오랜 시간 동안 가족의 사랑을 받았던 반려견입니다. 여우의 보호자는 처음 동물 병원에 올 때 혼자 내원했습니다. 자신의 반려견이 대형견인 데다가 너무 노쇠하여 같이 병원에 내원할 수 없는 상황이었죠. 사정이 너무 딱했던 저는 직접 왕진을 가기로 했습니다. 여우는 당시 나이가 17살로 대형견으로서는 아주 장수한 나이였고, 다만 항암 치료를 원하지 않는 보호자의 의견을 존중하여, 정기적인 검진과 통증에 대한 관리만을 진행하기로 했습니다.

그 후 1년의 시간이 더 지난 어느 여름날, 여우 보호자님이 걱정이 가득한 얼굴로 찾아와 여우의 상태가 더 안 좋아졌다고 알렸습니다. 다시 왕진해서 보호자의 관리가 쉽도록 여우의 주변 털을 정리하고, 고통스러워하는 여우에게 진통제를 처방했습니다. 보호자에게는 여우의 일상과 상태에 대하여, 기록할 것을 권했습니다. 여우가 보호자와 자연스러운 이별을 하는 것이 가장 좋을 테지만, 여우의 상태가 점점 나빠져서 고통만 가득한 시간을 보낸다면 가족과 상의해서 마지막을 편안하게 보내주기로 결정하게 될 수도 있으니까요.

  그렇게 2달이 흐르고, 여우의 통증은 진통제로도 관리가 어려워졌습니다. 식사를 거부하고, 호흡조차 버거워 하는 여우의 모습을 지켜보던 가족들은 결국 힘든 결정을 내렸습니다. 여우의 상태가 나빠지고 있다는 것을 실감하기 어려웠던 다른 가족들도 여우 엄마가 남기는 하루하루의 기록을 통해, 여우가 보호자와 사랑과 교감을 나눌 수 있는 날보다 고통스러운 날을 더 보낸다는 것을 인지할 수 있었습니다.

  여우는 늘 출장으로 바쁘던 아빠와 다른 도시에서 생활하는 오빠도 참석한, 가족 모두의 품에서 하늘로 떠나게 되었습니다. 안락사의 과정은 예의를 갖춰 진행되었고, 이후 미리 준비된 장례가 시작됐습니다. 나중에 저를 찾아온 여우의 엄마는 고맙다는 말과 함께, 고통 속에 몸부림치는 여우를 준비되지 않은 상태에서 보내지 않고, 사랑한다는 말과 마지막 인사를 나눌 수 있어서 다행이었다고 했습니다.

여우 보호자께서는 여우의 어릴 적 사진과 예방수첩, 진료기록 등을 모아 책을 만들기도 했습니다. 저는 미처 생각지 못했지만 분명 반려동물과의 추억을 오랫동안 기릴 수 있는 좋은 방법이라고 생각됩니다. 남은 여백에는 가족들의 인사를 남겨도 좋고, 간혹 반려동물에 대한 그리움이 커진 날이면 가족들의 안부를 편지 형식으로 남길 수도 있을 것입니다. 분명 하늘로 간 여우도 이 편지를 좋아하지 않을까요?

아무리 노령의 동물이고 마지막 순간이 찾아 왔음을 예감하고 있었다고 해도, 막상 그 상황이 다가오면 혼란스러워지게 됩니다. 가족 구성원이 많은 경우에는 장례의 과정에 대해서 각각 다른 의견을 낼 수도 있습니다. 그러니 신중하고 세심하게 생각해 주세요. 안락사는 보호자들의 편의를 위한 선택이 아닙니다. 안락사는 반려동물을 고통에서 해방시켜 주기 위해, 반려동물을 마지막까지 책임져 주기 위해 내리는 어려운 결정입니다. 하여, 보호자 스스로도 충분한 고민 끝에 결정하여 하고, 가족 간에도 충분한 합의가 이루어져야 합니다. 과정 또한 충분한 예의를 갖추어 진행되어야 하고, 사전에 꼼꼼하게 계획되어야 합니다. 여우의 가족들은 이런 숙지 이후 준비를 통해, 오랜 시간을 함께 한 여우와 준비된 이별을 맞이할 수 있었습니다.

반려동물을 떠나보내는 시간이 최대한 늦춰지길 바라는 것은 틀림없이 모든 보호자들의 바람일 것입니다. 하지만 오랜 투병은 반려동물도 보호자도 힘들고 지치게 만듭니다. 반려동물과 보호자는 서로 사랑을 나누고 행복하기 위해 이어진 인연이라고 생각합니다. 보호자와 마지막이 고통스러운 시간이 아닌, 따뜻한 배려와 교감이 오가는 순간으로 남을 수 있도록 해 주세요. 함

께하는 시간만큼 중요한 순간순간을 행복한 추억으로
남길 수 있게 해 주세요.

넷

너를 보내고
다른 아이를
마주하는 괴로움

저도 수의사로 생활하는 동안 반려동물을 떠나보낸 경험이 있습니다. 반려동물을 떠나보내는 것은 누구에게나 힘든 일이지만, 반려동물을 돌보는 종사자에게는 더욱 큰 파도로 다가오지 않을까 생각됩니다. 전문가인 자신에 대한 심한 자책을 할 수 있고, 직업의 특성 상 상실감과 슬픔에 대한 치유를 하지 못한 채 다른 반려동물과 보호자들을 접해야 합니다. 이 모든 일이 잔혹하다고 생각되지만, 이러한 감정으로부터 무뎌지는 것이 올바른 직업윤리라고 마음을 다잡는 경우도 있을 것입니다. 그러나 저는 스스로를 다독이기 위해, 떠나간 반려동물을 기리기 위해, 그리고 반려동물을 떠나보내는 보호자의 슬픔에 공감을 하고 치유에 동반하기 위해, 반려동물 종사자도 자신의 감정을 온전하게 겪어 슬픔을 치유해야 한다고 생각합니다.

'미야'의 보호자는 반려동물 행동학을 전공한 20대의 반려동물 관리사로 직장인 반려견 유치원에서는 특유의 쾌활한 성격에 반려동물에 대한 사랑이 지극하여 보호자들에게도 신뢰가 깊었습니다. 반려동물에 대해 정보와 지식도 풍부해 자신이 돌보는 세 마리의 반려묘도 적극적으로 예방접종하고 체계적으로 관리했습니다. 그러나 함께 생활하는 반려묘 중 하나인 미야가 갑작스러운 호흡곤란 증상을 보였고 동물 병원에 신속하게 방문했지만 검사를 진행하는 도중 갑작스레 사망하고 맙니다.

보호자는 슬픔을 뒤로 하고 일을 계속했지만 마야가 떠난 지 2달 정도가 지난 후에도 우울감을 느껴 제게 상담을 요청했습니다. 이야기를 나누어보니 미야의 보호자는 미아에 대한 심한 죄책감과 다른 반려동물들의 건강에 대한 염려가 과도한 상태였습니다. 특히나 미야가 과체중으로 관리 중이었기에 보호자의 자책은 매우 심했습니다. 그녀가 가장 슬픔을 느꼈던 순간은 장례 직후 다른 반려묘들의 식사와 간식을 챙길 때였다고 합니다. 다른 반려묘를 돌보면서 떠나보낸 반려동물에게 죄책감을 느꼈던 것입니다. 하지만 반려동물을 돌보는 직업 특성상 일을 쉬지 않으면 자신의 감정을 충분히 표현할 수 없었고, 밝고 다른 사람의 기분을 배려하는 성격도 가족들에게조차 자신의 슬픔과 고민을 공유하지 못하는 장애물이었습니다.

몸의 상처와 마찬가지로 마음의 상처가 아무는 데는 시간이 필요합니다. 잠시 여유를 갖고, 다른 이들에 대한 배려나 다른 사람의 시선을 의식하는 것으로부터 자유로워지는 것이 필요하다고 생각한 저는 3~4일 정도의 휴가를 사용하는 것을 권하였고, 마침 여름 휴가철과 맞물려 보호자는 스스로를 위한 시간을 낼 수 있었습니다. 이 기간을 지낸 이후 보호자는 훨씬 마음이 가벼워졌다고 말해 주었습니다.

미야를 위한 메모리얼 테이블도 만들었습니다. 추억의 물건과 함께 미야의 다이어트 성공 이후 선물할 생각이었다는 간식도 꼭 추억의 테이블에 포함하도록 권했습니다. 다른 반려묘들에게 식사와 간식을 줄 때 메모리얼 테이블의 사료와 간식을 바꿔 주는 방법도 말해 주었습니다. 이 과정을 통해 다른 반려묘를 돌보면서 느끼는 죄책감이 완화되었으면 했습니다. 또한 다른 반려묘의 건강검진도 진행해서 과도하게 건강을 걱정하던 마음을 내려놓도록 도왔습니다. 그렇게 1여 년이 지난 이후 미야의 보호자는 새로운 반려묘를 입양할 정도로 미야를 잃은 슬픔과 자책으로부터 벗어날 수 있었습니다.

츄츄의 보호자는 30대 미혼 남성으로, 고교 시절부

터 자발적으로 유기견 보호소에서 적극적으로 봉사활동을 했을 정도로 동물에 대한 애정과 동정심이 남달랐습니다. 이후 반려동물 관련 전공 과정을 이수하고, 현재는 동물 병원 수의 간호사로서 생활하고 있습니다. 반려견인 츄츄는 유기견 보호소에서 만났고 7년이 넘는 시간 동안 보호자와 함께했습니다. 그러던 어느 날 갑자기 지병이 악화되었고 심폐소생술을 실시했음에도 불구하고 사망했습니다.

당시 보호자는 직업 특성상 심폐소생술 과정에 참관하여 보조했고, 근무처에서는 동물의 장례로 인한 휴가가 인정되지 않아 사망 당일 장례를 치르고 다음 날 바로 출근을 해야 하는 상황이었습니다. 그러나 이 보호자에게는 슬퍼할 시간이 필요했습니다. 저는 보호자를 설득해 장례 당일과 다음날이나마 마음을 추스를 수 있는 시간을 확보했습니다. 이후 조용한 별도의 안치 공간을 준비하여 보호자와 가족들이 츄츄와 마지막 인사를 나눌 시간을 만들고, 안치 공간에는 향초, 은은한 조명과 잔잔한 음악을 준비했습니다. 장례를 치르기 전 잘라 보관해 둔 츄츄의 털을 츄츄의 초상화와 함께 액자에 넣어 보호자에게 선물했습니다.

이후 누구보다 동물을 사랑하며 그 아름다운 마음으로 보호소 봉사를 한 경험이 있는 보호자는 뜻깊은 추모의 자리도 마련했습니다. 츄츄의 사연을 지인들과 나누고, 뜻이 맞는 지인들과 함께 돈을 모아 보호자와 친분이 있는 유기견 보호소에 지원했습니다. 비록 애도와 추모를 위한 시간이 여유롭지는 않았지만 보호자는 츄츄와의 행복했던 시간을 떠올리며 힘든 시간을 잘 다독여 낸 것이 아닐까 생각합니다. 지금은 수의 간호사로서의 직무를 충실히 수행하면서 동물에 대한 남다른 사랑과 애정으로 다른 반려동물과 보호자들을 돕고 있습니다.

반려동물 가족도 이별의 아픔을 겪습니다

함께 생활하던 친구나 가족이 먼 길을 떠났을 때, 다른 반려동물도 보호자처럼 슬픔을 느끼고 있을까요? 제 생각에는 슬픔을 느끼고 있지만 보호자가 이를 감지하기 어려워하는 것이라고 생각합니다.

이번에는 오랜 시간을 함께 한 친구 '히로'의 사망으로 우울한 시간을 보낸 '쿠로'의 사연을 들려드립니다. 쿠로와 히로는 보호자와 일본에서 만나, 16년이라는 시간을 함께 보냈습니다. 비록 품종과 성향은 달랐지만 둘은 다정한 친구였죠. 그러다 히로가 심장마비로 먼저 세상을 떠났습니다. 동물 병원에서 사망했기 때문에 쿠로는 친구의 죽음을 목격하지는 못했습니다. 그러나 쿠로는 희로의 부재를 알고 있다는 듯 활동량이 줄었고, 식사도 거부하곤 했습니다. 건강검진을 해봐도 특이한 소견은 없었지만 얼마 지나지 않아 쿠로 또한 집에서 숨을 거두었습니다.

이번에는 제가 다른 분으로부터 전해 들은 이야기입니다. 한 슈나우저 강아지가 있었습니다. 보호자 부부는 오랜 동안 자녀가 없었기에 이 슈나우저 강아지를 자식처럼 정성스럽게 돌봤다고 합니다. 이런 따뜻한 마음에 대한 선물이었을까요? 이 부부 사이에 기다리던 아기가 탄생하게 됩니다. 하지만 집안 어른들은 아기의 건강을 위해 반려견을 다른 곳으로 입양 보내는 것을 강력하게 요구했고 계속되는 압박에 남편 보호자는 슈나우저를 평소 다니던 동물 병원에 위탁했습니다. 사정을 잘 아는 동물 병원에서는 기꺼이 슈나우저를 맡아 주었다고 합니다. 하지만 슈나우저 친구는 슬픔에 빠진 듯 늘 무기력하게 앉아있는 시간이 많았다고 합니다.

다만 위안이 되었던 것은 이미 동물 병원에서 생활하고 있던 닥스훈트였죠. 이 친구가 늘 슈나우저의 곁을 지키고 돌봐 주었다고 합니다. 시간은 흘러 슈나우저가 먼저 하늘나라로 떠났습니다. 슈나우저가 떠난 날, 닥스훈트의 행동은 평소 때보다 의기소침해 보였지만, 동물 병원 사람들은 둘 사이가 워낙 다정했기에 슬퍼한다고만 생각했습니다. 그러나 동물 병원 식구들이 다음날 출근했을 때, 닥스훈트도 친구를 따라 하늘나라로 떠났다고 합니다. 우연의 일치일 수도 있습니다. 그러나 이 이야기는 반려동물도 이별로 인한 깊은 슬픔을 느낀다는 것을 느끼게 해 오래도록 제 마음에 남아 있습니다.

한꺼번에 엄마와 아빠를 잃은 고양이 '구름이'의 안타까운 사연도 있습니다. 보호자 분들도 사랑하던 반려묘를 잃어 큰 슬픔에 빠졌지만, 더욱 걱정스러운 것은 구름이의 반응이었습니다. 구름이는 충격을 받은 듯 구석에 숨어 밖으로 나오지 않았고 식사량도 줄었습니다.

부모를 모두 잃은 슬픔은 고양이라 할지라도 결코 가볍지 않을 것입니다. 그러나 이렇게 구름이마저 보낼 수는 없었습니다. 혹시 질병의 징후는 아닐지 혹여 인지하지 못하고 있는 질병이 존재하는지 확인하기 위해 건강검진을 진행했습니다. 다행히 구름이의 건강검진에서 특별한 소견은 발견되지 않았습니다. 심한 스트레스를 받은 경우에는 안정을 위해 약물 복용도 필요할 수 있지만 보호자는 투약과 같은 처치보다는 좀 더 시간을 두고 살펴보기를 원했습니다.

대신 구름이가 어서 기운을 차릴 수 있도록 선물을 준비했습니다. 고양이들은 밥을 먹을 대 수염이 닿지 않는 것을 좋아하므로, 편히 식사할 수 있게 넓고 편평한 식기를 마련했습니다. 구름이의 이름도 새겼습니다. 새로운 장난감도 빠질 수 없습니다. 같이 장난치고 놀던 부모 고양이의 부재는 구름이의 활동량과 호기심이 저하되는 원인이 될 수 있기 때문입니다. 새로운 장난감으로는 하루에 2~3번, 15분 이상 놀이 시간을 만들어 주었습니다. 다만 늘 고양이가 그렇듯이 구름이 또한 새로운 식기와 장난감보다 선물이 담긴 상자를 더 반가워하며 그 안에 들어가 편안한 표정을 지어보였다고 합니다.

반려동물의 슬픔을 사람이 알아차리는 것은 쉽지 않습니다. 밥을 적게 먹고 움직임이 평소보다 줄었다고 해서 그것이 꼭 슬픔과 우울의 지표라고 볼 수는 없으니까요. 하지만 보호자가 슬퍼하듯 그들 또한 오랜 시간을 함께 한 친구 혹은 가족이 사라졌을 때 상실로 인한 허전함과 우울은 찾아오지 않을까 생각합니다. 설령 그들이 크게 슬퍼한다고 해도 우리는 마땅히 도와줄 방법이 없습니다. 다만 남아 있는 반려동물이 스스로의 건강을 해치지 않도록 옆에서 도와주세요. 구름이의 사연처럼 당신의 관심과 애정의 힘은 그들이 슬픔을 겪어내는 데 도움이 될 것입니다.

특별한 아이들과의
추억을 기억합니다

반려동물로 강아지와 고양이를 가장 많이 반려하지만, 고슴도치, 햄스터, 앵무새와 같이 특별한 존재와 함께하고 있는 보호자도 많습니다. 반려동물에 대한 애착과 서로 나눈 교감은 당연하게도 동물의 종류나 품종과 상관없이 형성됩니다. 때문에 특별한 반려동물을 떠나보낸 보호자들도 깊은 상실감과 슬픔을 느낍니다.

제가 만난 한 보호자는, 50대의 여성으로 은퇴 후 소일 삼아 시작한 토끼 사육이 제 2의 인생을 불러온 경우였습니다. 보호자는 토끼와의 교감을 통해서 큰 기쁨을 느꼈고 다른 이로부터 파양된 토끼들을 거두어들이며 이내 대가족을 꾸리게 됩니다. 그러다 가장 긴 시간

동안 돌봤던 토끼와의 사별 후, 깊은 슬픔을 느꼈고 저에게 이 슬픔을 이야기했습니다.

보호자가 가장 두려워했던 것은 감정을 표출하는 것이었습니다. 스스로의 나이를 생각하면 반려동물의 죽음에 대한 슬픔과 상실감을 표출하는 것을 두렵다고 했습니다. 또한 토끼를 가축으로 보는 사람들의 시선도 마음껏 감정을 내보일 수 없게 하는 이유였습니다. 자신의 슬픔과 상실감을 다른 이와 공유할 수 없는 것은 보호자를 더욱더 무기력하고 우울하게 했습니다. 게다가 다른 토끼들의 노화와 그 이후 찾아올 또 다른 이별도 미리 두려워하는 모습도 보였습니다.

우리가 어떤 존재를 사랑할 때, 그들과 공감할 때는 어떤 특정한 통념이 영향을 미치지 않습니다. 닭은 우리가 식용으로 사육하는 가축이기는 하지만, 만일 부화부터 병아리 시기를 지나 털을 갈고 벼슬이 자라나는 시간까지 함께한 닭과 이별해야 한다면 무척이나 슬플 것입니다. 야생동물이든 가축이든 애착을 가진 존재와의 이별은 누구에게나 슬픈 일이고, 대상의 사회적인 분류를 넘어서 상실감을 느끼게 합니다. 실제로도 얼마 전, 아프리카 돼지 열병의 유행으로 식용으로 사육되던 돼지들을 처분하는 과정에서, 몇몇 가정에서 기르는 반려돼지들도 살처분 운명을 피하지 못했다고 합니다. 한 보호자는 살처리를 집행하는 공무원과 수의사를 막아서면서 눈물로 읍소했습니다. 그러나 전염병의 전파에 의해 자신의 반려돼지가 희생되어야 하는 것을 어쩔 수 없이 받아들일 수밖에 없었다고 합니다. 결국, 예의를 갖춘 안락사와 추모식을 진행하는 조건으로 행정 처분을 받아들이고, 이별의 순간을 맞이했다고 합니다.

이렇듯 이별의 슬픔과 상실감은 품종과 개체를 가리지 않습니다. 앞서 들려드렸던 토끼의 보호자는 다음의 추모의식을 통해, 추억을 기렸습니다. 떠나간 토끼를 다른 반려토끼들에게 보여 주며 마지막 인사를 나누게 했습니다. 또한, 떠나간 토끼가 유난히 좋아했다던 사과를 다른 토끼들에게 나누어 먹이며, 그들에게 얼마나 사랑하는지 이야기하고 끝까지 함께해 줄 것이라고 다짐했습니다. 추억의 탁자를 준비하고 자신의 사연을 친한 지인과 이야기하며 반려토끼와의 교감도 회상했습니다.

자신의 반려동물이 통념적인 종이 아닌 경우에는, 보호자는 슬픔과 상실감에 대해서 다른 이와 나누는 것에 대해 더욱 더 힘들어하고, 이로 인해 다른 이의 도움을 청하거나 감정을 나타내는 것을 꺼려할 수 있습니다. 실제로도 일반적인 반려동물의 범주에 들어가 있지 않다는 이유로 보호자 스스로 혹은 주변으로부터 그 슬픔에 대해 인정받지 못하거나, 공유하지 못할 우려가 있습니다. 강아지나 고양이가 아닌 다른 종의 반려동물과의 이별에서 슬픔을 느낀다는 것에 진심으로 공감하고,

그 슬픔에 동반해 주세요. 이때는 같은 종의 동물을 길러본 경험이 있다면 좋고, 그렇지 않다고 하더라도 해당 반려동물의 특성에 대한 상식 등을 미리 숙지해 두면 공감하는 데 도움이 될 것입니다.

그들에게 찾아온 슬픔은 부끄럽거나 감춰야 하는 것이 아닙니다. 모든 생명은 동등하다는 것을, 그들을 떠나보내는 당신에게 위로가 필요하다는 것을 느낄 수 있도록 공감해 주세요. 보호자 스스로 반려동물과의 추억을 이야기할 수 있도록 기회를 마련해 주세요.

또 하나의 펫로스,
기약 없는 헤어짐

상실감과 슬픔은 죽음으로만 찾아오는 것이 아닙니다. 피치 못할 이별을 통해서도 찾아올 수 있습니다. 사람의 인생 또한 한 치 앞을 알 수 없는 것처럼 그들과 함께하는 삶에도 헤어질 수밖에 없는 상황들이 발생할 수 있으니까요. 제 경우에는, 엄마 잃은 아기 고양이들을 돌보다, 새로운 가정을 찾아 주는 과정에서 스트레스를 받곤 했습니다. 순수한 그들을 떠나보내야 하는 아쉬움과 더불어 새로운 가정에서 적응할 수 있을지 걱정하고 앞으로의 삶에서 어미 고양이를 잃는 것과 같은 비극적인 일이 다시 일어나지 않기를 바랐기 때문입니다. 이런 여러 가지 복잡한 생각과 감정이 뒤섞여 그들을 영영 떠나보낸 것만 같은 슬픔을 느꼈습니다.

우리는 반려동물을 사별로 떠나보낸 이후, 착하고 순수했던 그들이 하늘나라에서 즐겁고 편안하게 보내고 있을 것이라는 믿음을 가지는 경우가 많습니다. 하지만 반려동물을 다른 곳으로 떠나보낸 경우라면, 그들의 안위가 늘 걱정될 것입니다. 다른 가정으로 임시보호나 입양을 보냈는데 실종 혹은 사망했다는 소식을 듣게 되거나 입양가정과의 연락이 끊겨 슬퍼하고 불안해하시는 분들의 사연은 이와 같은 걱정을 더욱 부추깁니다.

　　최근에는 장벽이 많이 낮아지기는 하였으나, 유학이나 이민 등으로 반려동물과 더 이상 함께 지내기 어려운 상황이 생길 수도 있습니다. 피치 못할 사정으로 인해 어쩔 수 없이 반려동물을 다른 곳으로 보내야 하는 상황도 발생할 수 있습니다. 집안에 위중한 질병의 환자가 생기거나, 반려동물을 이미 돌보는 과정에서 본인이 심한 털 알레르기를 가지고 있는 것을 알게 될 수도 있습니다. 아니면 일상이 너무나도 바빠서 반려동물을 잘 돌볼 수 없다고 판단을 내린 뒤 다른 곳으로 입양을 보내게 될 수도 있습니다.

삶과 죽음이 늘 같이하듯, 만남과 이별도 늘 같이 하는 것이기는 하지만 아무리 새롭게 가족이 될 보호자를 신경 써서 골랐다고 해도, 또 새로운 가족이 아무리 믿음직해 보인다고 해도 마음 한구석에 걱정은 늘 남아 있을 것입니다. 정말 어쩔 수 없는 잔혹한 운명으로 인해 헤어져야 하더라도 끝까지 같이하지 못하는 것에 대해 극심한 죄책감마저 느낄 수 있습니다. 다만 우리가 할 수 있는 일은 반려동물과 함께하는 순간순간 최선을 다해서 아껴 주고, 사랑해 주고, 좋은 추억을 남겨 주는 것입니다. 어디에서든, 누구와 함께든 당신의 사랑과 보살핌을 받은 존재는 행복한 추억을 가슴에 간직하고 살아갈 테니까요. 당신도 그들과의 교감 그리고 애착을 오래도록 기억해 주세요. 그리고 반려동물이 남은 삶 동안 안전하고 행복하게 살 수 있도록 최선을 다해 준비해 주세요. 이별의 순간에는 이 헤어짐의 원인이 그들의 잘못이 아니라고 마음으로 전해 주세요. 그리고 반려동물이 행복하기를, 같이 했던 순간을 소중하게 간직하고 살아가기를, 사랑과 보살핌 속에 있었다는 것을 기억할 수 있도록 진심으로 교감하고 기도해 주셨으면 합니다.

우리들의
펫로스

영원한 아이돌,
토니

헤이~ 모두들 안녕! 나는 토니야. 오늘은 나의 영원한 팬인 우리 둘째 누나와의 이야기를 해 보려고 해. 리쓴 업! 나는 어릴 적부터 병약한 이미지를 가진 꽃미남이었어. 우리 마더 독께서는 귀여운 강아지를 6마리 낳으셨는데, 내가 그 중에서 제일 연약하고 작았다고 해. 대체로 제일 약한 강아지는 제때 새로운 가족을 못 찾곤 하는데 바로 내가 그런 케이스였지.

그러다가 내가 태어난 가정의 아드님께서 같은 대학에 다니는 친구에게 강아지를 입양할 의향이 있는지를 물어 보게 되었지. 그것도, 술 마시는 자리에서…. 그리고 거짓말처럼, 황당하게도 그 철없는 친구가 나의 둘째 누나가 되었어. 나를 맞이할 준비가 되어 있지 않았던 그녀는 나를 받아 들고, 자기가 썼던 모자로 나를 감싸 않고 집으로 향했어. 이쯤 되면 나도 앞으로 내 앞길을 안 걱정할 수가 없었지. 하지만, 현관문을 들어서자마자 하늘에 닿을 듯 뛰어 다니며, 함성을 지르는 엄마와 큰 누나를 보고, 나는 알 수 있었어. 스타 이즈 본(Star is born)! 이 집의 아이돌은 나야 나.

그 순간을 기억해. 내가 우리 둘째 누나의 방에 처음 들어선 순간. 대학교 2학년이던 우리 둘째 누나를 설레게 한 것은 5명의 남자, H.O.T, 그녀의 방 벽은 H.O.T 사진으로 빼곡했고, 방바닥에는 그들을 위한 플래카드들이 널어져 있었어. 나는 제일 편해 보이는 데 자리를 잡았는데, 그 플래카드에는 '토니 사랑해'라고 써져 있었지. 내 이름은 그날부터 토니가 되었어.

나, 토니는 따뜻한 가족의 사랑 속에서 어엿하게 멋진

성견으로 성장했지. 전성기 나의 미모는 말해 뭐해….
반짝이는 금빛 털, 여심을 녹이는 크고 검은 눈과 긴 손
눈썹까지. 우리 가족은 나를 정말로 사랑해 주었어.

아이돌은 때때로 엄청난 연습량과 격렬한 댄스로 허
리 부상을 당하는 경우가 종종 있는 거 알고 있지? 나
역시 톱스타로서의 운명이었던 건지 6살에 허리 디스
크 판정을 얻게 되었어. 걷거나 움직이는 게 영 불편해
서 신음이 나올 정도였지. 활동량이 줄어든 나를 가족
들은 무척 걱정했어. 당시 우리 둘째 누나, 그녀는 진로
를 변경해서 어느덧 수의대 2학년이었지. 둘째 누나는
내 몸에 칼이 대는 것이 무척 걱정스러웠나 봐. 수술이
아닌 여러 가지 치료 방법을 찾다가 나를 동물한방병원
으로 데려갔어. 한두 번의 침과 뜸 치료로 증상이 많이
호전되었지. 그래서 우리 둘째 누나가 한방수의학 분야
에 관심을 갖게 되었나 봐. 관련 서적을 공부하고 전문
병원에 찾아가서 견학하기도 했지.

이후로도 나에 대한 우리 둘째 누나의 덕질은 멈추질 않았어. 심지어는 유학 생활을 하던 마지막 학기 즈음에는 나를 중국으로 데려갔어. 나, 토니가 한국 견공의 미를 알리기 위해 중국에 진출한 셈이지. 나랑 둘째 누나는 중국에서 여행도 다니고 같이 학교도 다니며 즐거운 시간을 보냈어. 그렇다고 우리가 놀기만 한 것은 아니야, 그 당시 반려견의 실내 배변이나 매일 산책에 대해서 잘 모르는 주변 중국 친구들에게 한국의 반려동물 문화를 전파하기도 했어.

가족들의 사랑을 듬뿍 받고, 나름 행복한 견생을 보냈지만, 흘러가는 세월을 막을 수는 없었어, 16살이던 어느 날에 내 비장에 혹이 생겼다는 것을 알게 되었지. 결국에는 비장을 적출하는 수술을 받았어. 열렬한 팬인 둘째 누나는 내 디스크 치료 때문에 한방 치료를 배웠던 것처럼, 이번에는 내 건강 회복을 위해 천연 성분 영양제에 관심을 갖게 되었어. 우리 누나가 한 번 덕

질을 시작하면, 정말 장난이 아니야. 내가 먹던 영양제를 상품으로 만들어 한국에서 론칭했고, 이제는 어엿한 CEO가 되었다니까? 우리 둘째 누나는 정말 멋진 여자야. 매일 아이돌 쫓아다니는 것만 빼면….

극성맞은 누나의 관심과 정성에도 불구하고, 내가 우리 가족과 헤어질 시간은 다가오고 있었어. 내 몸에는 어느새 또 다른 종양이 간에 자리 잡은 거지. 이런 나를 우리 누나는 매일, 레이저 치료를 한다, 수액을 마친다 하며 챙기고 또 챙겼지.

누나랑 마지막으로 산책을 간 그날이 생각나. 정말 여느 때와 같았어. 저녁을 먹었고, 누나는 내 옆에서 걸었으니까. 정말 찰나의 순간이었고, 예상하지 못했던 이별이었어. 하지만 아쉬움보다는 안도가 돼. 내가 오래 아팠다면, 우리 가족들의 마음도 그 만큼 오래 아팠을 테니까.

지금까지 내 이야기를 들어줘서 고마워. 감사의 마음으로 내가 당신들에게만 비밀을 하나 가르쳐 주지. 우리 누나가 나를 무척 좋아했다는 이야기만 늘어놓긴 했지만, 사실 내가 더 우리 누나를 덕질했어. 내 시선은 언제나 우리 누나만을 향해 있었지. 나 대신 핸드폰만 보고 있어도 나는 누나가 입술을 꼭 오므리고 뭔가 집중하는 표정을 바라보는 것조차 좋았어. 누나가 모는 차 조수석에 앉아 외출하는 것도 정말 신났어. 내 건강을 염려해서 열심히 공부하는 누나가 너무 너무 자랑스럽고 사랑스러웠어.

엄마를 떠난 첫날, 누나를 만나서 행복했어. 누나의 밝고 찬란한 순간들을 함께할 수 있었어 행복했어. 세상을 떠나는 순간조차 누나가 함께였기에 행복했어. 누나, 누나를 너무나 사랑해.

나는 찡이로소이다!

샴 고양이는 원래 태국 궁중에서 살던 고양이라고 알려져 있지만 사실은 태국 왕가의 고양이는 카오 마니라는 품종입니다. 왕가에서 이 카오 마니를 너무 아끼다 보니 해외 귀빈에게 카오 마니 대신 샴을 선물하면서, 샴이 태국 왕가 혈통의 고양이로 불리게 되었다고 해요.

안녕하세요? 나는 우리 조상만큼이나 우아하고, 럭셔리 한 묘생을 보낸 찡이라고 합니다. 나를 왕, 아니 왕자처럼 돌봐주던, 우리 아빠들 이야기를 해보려고 해요.

나름 유복한 삶을 살았지만, 태어난 곳은 작은 원룸이었어요. 2007년 10월 1일에 5남매 중 하나로 세상에 왔답니다. 여자 형제들이 먼저 새로운 가정에 입양되었고, 수컷이었던 저와 제 형제 단둘이 마지막까지 남아 있었죠. 그러다가 아주 오래전부터 샴 고양이를 기르고 싶어 했던 아빠들이 찾아왔습니다. 아빠들은 아기 고양이 두 마리 중 누굴 데려갈까 고민했다고 해요. 아기 고양이들은 한결같이 귀여우니까, 선택은 쉽지 않았을 테지요. 낯선 손님들의 등장으로 살짝 기가 죽어 있던 저를 좀 더 얌전해 보인다면서 가족으로 맞이했어요. 물론, 아빠들이 제 깨발랄한 본성을 알기까지는 오랜 시간이 걸리지 않았어요.

새로 살게 된 집은 이전 집보다 엄청나게 커서 너무 너무 무서웠어요. 게다가 엄마 고양이도 보이지 않아 계속 옹알거리며 엄마를 찾아 다녔죠. 이때 아빠들은 며칠 동안이나 제대로 잠을 못 이루어서 정말 힘들었다고 해요. 그리고 계속 찡찡거리면서 돌아다니는 저에게 '찡이'라는 이름을 지어 주었습니다. 나름 '앤드류'나 '세바스찬' 같은 귀족적인 이름을 기대 했는데 말이죠…. 그래도 두 분 모두 저를 너무 사랑해서 왕자처럼 잘 돌봐 주셨습니다. 그 때문일까요? 저의 남다른 우아함은 주변에서도 무척 유명했답니다. 게다가 저는 모래로 된 화장실이 아닌, 사람용 좌변기에서 배변할 정도로 깔끔쟁이었어요. 건강이 악화된 후로는 모래 화장실을 쓰기도 했지만, 이런 저를 아빠들은 무척 칭찬해주고, 자랑스러워했어요.

우리 집은 저만의 왕국이었어요. 왕자로서 제가 사는 궁전을 지키기 위해 식구들이 잠자리에 들 때면, 집 안을 순찰하곤 했죠. 이런 저를 보고 아빠들은 "찡아, 어차피 우리랑 너밖에 없어, 뭘 지키려고 순찰하는 거야?"라곤 하셨어요. 제가 사람의 말을 할 수 있었다면, "아빠들, 저는 우리들의 행복한 시간을 지키려고, 매일 순찰하는 거에요~."라고 대답했겠죠.

동화 속의 왕자님들이 용맹함을 뽐내는 것처럼, 저 역시 모험을 즐기기도 했어요. 어느 날은 제가 들어가

잇는 줄 모르고 장바구니를 휘휘 돌리셨는데, 그때의 짜릿함이란! 저는 그 이후 장바구니에 들어가서 아빠가 다시 한번 바이킹 놀이(풍차 놀이?)를 해줄 때를 기다리곤 했고, 그것은 아빠와 저만의 놀이가 되었답니다. 저는 워낙 활동량이 많고 잽쌌어요. 아빠들이 제 멋진 모습을 남기려고 사진을 찍노라면, 100장 중에서 1장 정도만 제대로 찍히고, 나머지 99장은 심령사진처럼 나오곤 했어요.

꿈같은 시간이 흘러갔어요. 샴 품종의 고양이로 태어난 덕분에 아빠들과 만날 수 있었지만, 한편으로는 아빠들과 생각보다 빠르게 이별해야 하는 이유가 되었습니다. 샴에게서 많이 나타나는 유전병인 선천성 심장질환이 발생했기 때문이지요. 처음부터 심하게 아픈 것은 아니었어요. 그저 평소처럼 활발하게 뛰어다니기에는 숨이 좀 찰 뿐이지요. 하지만, 아빠들은 제가 앉아 있는 모습에서 미묘한 차이를 알아차리고는 바로 동물병원에 데려가 주셨어요.

동물병원의 진료 결과, 제 심장은 이미 많이 약해진 상태였습니다. "이 상태라면, 앞으로 6개월 정도 기대할 수 있을 같아요." 수의사 선생님의 진단은 청천벽력 같았어요. 하지만 아빠들은 저를 포기하지 않았어요. 매일 약을 챙겨 먹이고, 늘 제 상태를 꼼꼼하게 살피셨답니다. 그런 아빠들의 정성 덕분일까요. 저는 심장병으로 진단 받은 후 2년 동안 아무 일 없이 잘 지냈고, 제 주치의 선생님은 기적 같은 일이라며 놀라셨답니다.

때때로 비행기를 타고 제주도에서도 생활했어요. 저는 의젓하게 비행기도 잘 타는 고양이랍니다. 비행기를 타본 고양이가 얼마나 있을까요? 저는 묘생에서 비행기를 무려 4번이나 타 봤답니다. 저의 제주살이는 너무너무 즐거웠어요. 집 주변의 넓은 정원을 천천히 산책하고, 집 담벼락 위에서 일광욕도 하고…. 푸른 하늘, 하얀 구름. 풀벌레 소리, 코끝을 스치는 바람, 바람결에 실려 오는 갖가지 향기들까지 모든 것이 완벽했어요. 아빠들은 새로운 환경에 낯설어하지 않는 저를 데리고, 해변에서 바다도 보여주셨어요. 그날의 파란 바다를, 발가락사이를 간지럽히던 하얀 모래를, 짭조름한 바다 내음을 저는 오래오래 기억할 거예요.

제주도에서 제 건강은 많이 좋아지는 것처럼 보였지만, 갑자기 사지 마비가 되는 위기의 순간이 오기도 했어요. 아빠 투는 그런 저를 차에 태우고, 병원을 찾아다녔지요. 다행히 골든타임인 3시간 안에 저는 응급처치를 받았고 입원 후 증상이 호전될 수 있었어요. 하지만, 이번에도 제 예후에 대한 수의사 선생님 의견은 부정적이었어요. "이제 길어야 3개월 정도 버텨 줄 것 같아요." 그렇지만 저는 아직은 좀 더 아빠들과 같이 있고 싶었어요. 그래서 힘을 내어 6개월이라는 시간을 아빠들 곁에서 보냈고, 2022년 9월 5일, 지구 별에서의 모험을 마쳤습니다.

15년이라는 시간은 아빠들의 인생에서 짧을 수도 아니면 길 수도 있을 거예요. 저는 그 시간을 함께할 수 있어서 너무 행복했어요. 같이 만들고 나눈 소중한 추억들…. 저 역시 그런 행복을 놓치지 않고 싶었기 때문에, 아빠들이 너무나도 소중했기 때문에 시한부 판정을 받고도 훨씬 긴 시간을 보낼 수 있지 않았을까요?

고양이들과 함께하는 분들을 집사라고도 부르지요? 아마 우리 고양이들이 왕족처럼 도도하게 행동하고, 가끔은 까칠하게 굴기 때문일 것 같아요. 하지만 우리들이 원하는 건 그렇게 많지도 않고, 어려운 것도 아닙니다. 가만히 바라보는 그 눈빛이, 나지막하게 이름을 불러주는 그 목소리가, 조용히 어루만져주는 그 손길이, 밥그릇과 물그릇을 채워주고, 화장실 청소를 마다하지 않는 그 수고들이, 우리를 이 세상의 왕으로 만들어 준답니다. 아빠들이 만들어 준 왕국에서 찡이는 너무 너무 행복했어요. 사랑해요. 고마워요.

같이 치유 받았던 공간

종로구 재동. 안국역 2번 출구를 조금 지나면 작은 한옥에 다다릅니다. 대문을 찬찬히 바라보고 있노라면 '치유재'라는 이름과 함께 문패가 달려 있습니다. 문패에는 '정규태, 정뽀리'라고 적혀져 있습니다. 누구든 '집주인은 어지간히 반려동물을 사랑하는 사람이구나' 하고 생각하실 거예요. 이곳 치유재는 규태 님과 하얗고 귀여운 페키니즈 어르신 뽀리양의 추억이 담긴 곳입니다.

규태 님의 어머님은 이전에 애지중지하시던 페키니즈 품종의 반려견을 떠나보내고, 늘 마음이 편하지 않으셨다고 해요. 그러던 중 규태 님이 우연히 길가의 펫샵 구석에서 다른 강아지들에게 괴롭힘을 당하던 아기 강아지 뽀리와 눈이 마주쳤습니다. 무지개다리를 건넌 반려견과 같은 품종이어서였을까요? 아니면 크고 까만 눈에 그렁그렁 맺힌 눈물 때문이었을까요? 그렇게 뽀리는 규태 님의 친구가, 동생이 되었습니다.

뽀리는 새로운 가족을 만나고 나서 아주 왈가닥 본색을 드러냈다고 해요. 특히나, 규태 님은 매년 7월 19일만 되면 가슴을 졸였다고 하는데요. 1살이 된 말괄량이 뽀리가 밤에 살짝 열린 문틈으로 집을 나간 날이기 때문입니다. 뽀리의 가출 이후 1달 동안, 가족들은 인천 전 지역의 반 이상을 직접 찾아다닐 정도로 절실하게 뽀리를 찾아 헤맸습니다. 규태 님의 어머님도 다른 바람들은 모두 내려놓고, 뽀리를 되찾기만을 간절하게 기도하셨다고 해요. 그 기도가 하늘에 닿아서일까요? 뽀리 몸에 장착된 마이크로 칩 덕분에 뽀리는 극적으로 집으로 돌아오게 됩니다.

몇 년이 흐른 후, 우리의 용감하고 탐험정신이 강한 뽀리 양은 또다시 위험한 외출(?)을 감행합니다. 다행이도 이번에는 하루 만에 이웃 슈퍼마켓 주인에게 검거(?)되면서 무사히 넘어갑니다. 그런데, 이 2번째 가출도 7월 19일에 일어났다고 해요. 이후로 규태 님은 매년 7월 19일이 다가오면 늘 긴장했다고 해요.

뽀리를 만난 지도 13년, 그 기간 동안 뽀리와 규태 님은 많은 변화를 같이했습니다. 가끔은 일 때문에 뽀리와 보내는 시간이 적어져서 아쉬워도 했고, 때로는 최선을 다해 뽀리를 돌보지 못한다는 생각에 미안해하기도 했습니다. 하지만 가장 중요한 것은 규태 님과 뽀리가 늘 함께였다는 것이지요.

우리는 사랑하는 존재와 함께 걷는 이 길이 언제까지나 이어지기를 바라지만, 가다 보면 예상치 못한 역경을 마주하게 됩니다. 여정의 마지막이 다가오고 있다는 것을 예감하면 초조해지고 불안해지지요. 규태 님이 1달 동안 지방 출장을 다녀온 다음날, 뽀리와의 반가운 재회도 잠시, 만난 지 하루 만에 뽀리가 발작 증상을 보입니다. 병원에서는 뽀리 심장이 많이 약해져 있다고 진단했습니다. 가족이었기에 고난과 고통이 같은 시기에 찾아온 것일까요? 그 시기 실내조경 전문가로 활약하던 규태 님도 과도한 업무와 삶의 무게에 지친 탓인지 대상포진으로 인해 안면마비를 겪게 되었습니다.

　누구보다 열심이 살아왔다 자부했지만 세상이란 가끔은 우리가 무릎 꿇지 않을 수 없도록 차갑고 냉정하게 몰아치곤 합니다. 누구보다 뽀리를 사랑했지만, 지나가는 시간과 다가오는 이별의 조짐을 막을 수 없었지요. 마음과 몸이 지친 뽀리와 규태 님이 찾은 곳이 바로 작은 한옥이었습니다. 규태 님은 그동안 하던 일들을 내려놓고, 뽀리와 더 많은 시간을 보내기로, 그리고 둘이 함께 자리 잡은 이 보금자리를 좀 더 안락하게 꾸려

갔습니다. 이 공간이 어쩌면 뽀리와 함께 하는 마지막 공간일 수 있으니까요.

낡고 허물어져 가는 구조물을 수리하고, 중정에는 푸르른 대나무 숲이, 돌 틈 사이사이에 촉촉한 이끼가, 마당에는 아담하지만 시원한 연못이 자리 잡아갑니다. 이 공간이 처음 붙인 별명은 '치유재'가 아닌 '뽀리궁'이었다고 해요. 정성과 사랑이 가득 담긴 공간 덕분일까요? 뽀리는 1년 동안 치유재에서 편안하고 행복한 일상들을 보냈고, 규태 님의 병증도 많이 완화되었습니다. 규태 님은 이 시기에 뽀리와 모든 시간을 함께 하면서 뽀리가 자신의 인생에서 얼마나 중요한 존재인지, 자신을 행복하게 해주는지를 새삼 느꼈다 합니다.

행복한 시간은 하늘을 아름답게 물들입니다. 그러나 지평면에 잠시 걸려 있는 노을처럼 찬란하지만, 순식간에 우리 곁을 지나갑니다. 여느 때처럼, 규태 님과 동네

어귀를 산책하던 뽀리가 발작 증상을 보였습니다. 규태 님이 마사지를 해주면 언제 그랬냐는 듯이 상태가 회복되곤 하였지만, 그날은 달랐습니다. 5월 5일, 많은 가족이 즐거워하고, 행복한 추억을 쌓는 어린이날에 뽀리는 규태 님을 곁을 떠났습니다.

심장이 약하고 가끔 발작 증상을 보이는 뽀리를 위해 규태 님은 집안에 캠을 설치했다고 해요. 뽀리가 떠난 후 남겨진 영상 기록을 보던 규태 님의 눈에는 가득이 눈물이 고입니다. 그 영상에는 규태 님이 어딜 가든 쪼로록 따라가는, 언제나 규태 님을 바라보는 뽀리의 모습이 가득 담겨 있었거든요. 햇빛에 반짝이는 뽀얀 털, 푸른 중정을 바라보면서 느긋이 시간을 보내던 모습, 늘 나만을 바라보는 크고 까만 눈동자…. 뽀리는 변하지 않는, 순수한 사랑을 그의 마음속에 가득 채워 두고 떠났습니다.

뿌리를 떠나보낸 이후, 규태 님은 뿌리와 온전하게 함께한 둘만의 공간에서 추모회를 열었습니다. 둘 만의 추억을, 우정을 지인뿐 아니라 낯선 이들에게도 나누었습니다. 이후 둘에게 따스함과 치유를 주었던 이 공간에서 보다 많은 사람들이 소중한 추억을 남길 수 있도록 공유하고 있습니다.

뿌리와의 이야기를 저에게 말해주며, 중정을 찬찬히 바라보던 규태 님은 "뿌리와는 끝이 아니라, 언젠가는 어디선가는 다시 만날 것 같은 느낌이 있어요."라고 나지막하게 말했습니다. 하지만, 햇빛이 가득 머금어진 규태 님의 옆자리에 여전히 뿌리가 앉아 있는 것 같다고 느낀 것은 저만의 착각이었을까요? 소중한 추억이 가슴 속에 있는 한, 안아 보고 만져 볼 수 없더라도 우리는 그들을 느낄 수 있고, 아주 오래도록 함께 할 수 있습니다.

넷

까망이가
만든 기적

까망아? 안녕? 잘 지내지? 네가 떠난 지도 벌써 반년이 다 지나가는구나. 엄마는 우리 까망이와 헤어지면 어떻게 살아갈 수 있을까 하는 생각에 암담했는데 그래도 하루하루 힘차게 살아가려고 노력하고 있어. 바쁘고 정신없는 일상이지만, 언제나 우리 까망이를 생각하고, 함께 있다고 생각하니까, 섭섭해하지는 마.

2015년의 유난히 추웠던 1월, 너를 처음 만난 날을 엄마는 아직도 생생하게 기억한단다. 젖도 채 떼지 못한 너, 1달 남짓 된 너는 상자에 담겨 길거리에 버려졌었지. 네 언니인 지인이가 너를 발견하지 못했다면 어찌했을까? 엄마는 차마 상상도 되지 않는구나.

까망아, 미안해. 엄마는 동물을 좋아하고, 강아지도 길러 본 적 있었지만 고양이는 왠지 노려보는 눈빛을 하고 있다고 생각했기 때문인지 쉽게 가까워질 수 없었어. 게다가 너처럼 까만 고양이는 엄마가 사춘기에 읽었던 에드거 앨런 포의《검은 고양이》라는 소설의 영향인지 살짝 무섭기도 했단다. 세상에서 제일 예쁜 우리 까망이를 첫눈에 알아보지 못해서 미안해.

너를 처음 만난 엄마는 좌충우돌이었지. 어린 너를 돌본다고 수업을 하는 와중에도 3시간마다 집에서 와서 너에게 젖병을 물린다며 유난을 떨기도 했지. 그렇지만 엄마는 고양이라는 존재와 관리 방법에 대해 너무 무지했단다. 너에게 맞지 않는 사료를 먹여서 배탈이 나게 한 적도 있었고, 좋은 화장실 모래를 감별하지 못해 너를 불편하게 했을 수도 있었어. 서툴렀던 나라서 미안해.

까망아, 고마워. 너를 만나기 전 해에 나는 우리 엄마, 그러니까 너에게는 할머니가 되는 분을 갑작스러운 사고로 잃고, 마음에 큰 구멍이 생긴 상태였단다. 워낙 사이좋은 모녀였고, 서로 깊이 교감해서였을까? 너를 만나기 이전 반년 동안 엄마는 어디 한 곳 마음 둘 곳이 없었어. 그런 공허함을 메꾸어 준 존재가 바로 너, 까망이란다. 너는 엄마가 나에게 보내준 선물이야. 내게 와주어 고마워.

너로 인해, 엄마는 주변에 길고양이들에게 관심을 가지고, 그들을 도와줄 생각을 하게 되었단다. 처음에는 집 근처의 길고양이들에게 밥을 챙겨주는 정도였지. 그러다가 너를 만난 이듬해부터는 봉사를 위해서, 캣맘 모임에도 나가게 되었어. 나중에는 뜻을 같이하는 분들과 단체를 만들어 밖에서 지내는 고양이 친구들을 구조하고, 치료하고 새로운 가정을 찾아 주게 되었단다. 아직도 엄마가 홀로 구조 하는 아이들은 너의 동생이 되어 우리 집에서 생활하고는 있지만, 엄마가 운영하는 고양이 쉼터는 이제 3곳이나 되었단다. 너를 만나지 않았다면 내가 이렇게 적극적으로, 열정적으로 다른 어려운 처지의 고양이들에게 손을 뻗을 수가 있었을까? 엄마가 이룬 작은 기적들은 모두 네가 이룬 것이란다. 고마워.

너도 아는 것처럼, 고양이들을 구조하고 보호하는 데에는 많은 어려움이 따르곤 하지. 여러 가지 복잡한 이해관계와 갈등 그리고 다양한 감정들의 맞물림까지. 이런 것들이 가끔은 엄마를 화나게도, 슬프게도, 절망하게도 만들지만, 우리 까망이의 주치의 선생님은 너무나도 좋은 분이라 엄마가 하는 일에 큰 도움을 주시곤 했어. 너를 통해 알게 된 인연들은 지금도 엄마가 힘들 때마다 큰 버팀목이 되어 준단다. 네가 맺어준 이 인연들을 엄마는 소중하게 이어나갈 거야. 너무 고마워.

서툰 엄마를 이해하기라도 하는 듯, 너는 너무 의젓

하고 착한 아이였지. 엄마는 세상의 모든 고양이가 너처럼 마음이 넓고 무던한 성격인 줄 알았단다. 네가 그렇게 의젓했기 때문일까, 너를 만난 첫해 5월에는 호랑이를 닮은 랑이, 7월에는 고등어 무늬의 청이가 차례로 둘째와 셋째로 우리 집에 입양되었어. 내가 워낙 동생들을 살뜰히 돌봐서, 우리는 수월하게 가족이 된 것 같아 고마워. 한편으로는 네가 독차지할 수도 있던 사랑과 관심을 나눠 갖게 하게 해서 미안해.

까망아, 사랑해. 아빠와 엄마는 같은 차종을 타고 다니는 데, 너는 유독 엄마의 차가 집에 도착하는 것을 기가 막히게 알아챘어. 엄마가 주차할 때면 창문으로 '야옹' 하면서 반가워했고 좀 늦게 집에 들어오는 듯하면 중문 앞을 왔다 갔다 하며 빨리 들어오라고 재촉하곤 했지. 엄마를 유난히 편애해줘서 영광이야. 사랑한다. 나의 작은 까만 고양이.

하루는 왠지 여위어 가는 너를 데리고 동물병원에 갔었지. 첫 번째 진료에서는 이상이 없다고 해서 마음을 놓았는데, 두 번째 진료에서는 네 몸 구석구석에 병마들이 퍼져 있다는 진단을 받았어. 너무 빨리 전이된 너의 병에 우리는 해줄 수 있는 것이 별로 없었지. 의젓한 우리 첫째 고양이는 마음이 약한 엄마가 걱정할까 봐, 겁먹을까 봐 그렇게 아무렇지도 않은 것처럼 버티어 주었던 걸까? 이제는 너를 안아 볼 수 없지만, 너를 쓰다듬어 볼 수조차 없지만, 너의 가르릉 거리는 소리를 다시는 들을 수 없겠지만, 너는 언제나 엄마의 마음속에 있어. 엄마는 너를 느낄 수도 있어. 언젠가는 너와 만날 수 있을 거라고 생각하고 있단다. 그때까지 엄마를 잊지 말아줘. 사랑한다.

네가 나에게 나누어 준 온기가 퍼져서, 엄마는 다른 아이들을 위해서 세상에 부딪히고, 맞설 수 있게 되었단다. 엄마가 만나고 보살폈던 많은 고양이 친구들….

그들을 구조하고, 보호하고 새로운 가족을 만나게 하여 준 일등 공신은 바로 너, 까망이란다. 나와 다른 고양이 친구들에게 너무나도 큰 사랑을 나눠 주고 간 까망이 너를 세상 그 무엇보다도 사랑한다.

까망아 미안해, 고마워 그리고 사랑해 언제까지나.

다섯

돌아온 루루

여기 한 중년 부부가 있습니다. 주말에는 돌아가신 부모님의 흔적이 남겨진 시골집에서 시간을 보내곤 했지요. 6년 전 흰 바탕에 검은 얼룩무늬, 노란 눈의 아기 고양이 한 마리가 이 시골집을 찾아왔습니다. 유난히 마르고 작은 체격 탓에 다른 고양이들에게 치이는 약한 아기고양이를 마음씨 좋은 부부는 외면할 수 없었습니다.

처음에는 집 밖에서 밥을 챙겨주는 정도였지요. 하지만 사람의 마음이라는 게 늘 생각하는 대로 흐를 수 있을까요? 아기 고양이가 안쓰럽고 염려되었던 두 부부는 인근에 사는 친척집에 돌봐달라고 부탁하기로 합니다. 이미 서울 본집에는 손이 많이 가는 두 마리의 노령견이 있었기 때문에 새로운 가족을 받아들이는 것은 어려웠거든요. 하지만, 아기 고양이는 친척집에 도착하자마자 화들짝 놀라더니 도망가 버립니다. 아내는 혹시나 하는 마음에 도망간 방향으로 이름을 불러보았습니다. "루루~." 아내의 목소리를 들은 아기 고양이는 어디선가 쪼로록 달려와 안겼고, 그 후로 부부와 아기 고양이는 한 가족이 되었습니다.

루루는 엄마, 아빠, 오빠, 언니 그리고 두 반려견 언니들과 행복하게 날을 보냈습니다. 부부는 작은 몸집의 루루를 성심으로 보살폈습니다. 그렇지만 루루의 몸속에 작은 돌들이 생겨났고, 그 돌들이 천천히 루루를 약하게 만들고 있다는 것은 알 수 없었습니다. 식욕이 줄고, 화장실에 가는 것이 영 신통치 않던 루루를 데리고 병원에 가고, 수술을 시키고, 약을 먹이고, 몸에 좋다는 음식만을 골라 먹였지만 루루는 6년이라는 짧고 아쉬운 기억을 남긴 채, 가족들을 떠나게 됩니다.

루루를 '막내딸'이라 부르면서 유난히 예뻐했던 아버님은 "부질없는 것인지 모르겠지만, 루루가 살아 돌아올 것 만 같아…. 그렇게 기도하고 있어요."라고 저에게 이야기하셨습니다.

그 후로 3개월이 지난 어느 날, 뜻밖의 소식을 들었습니다. "심 선생! 우리가 루루가 돌아왔어!", "네?! 그게 무슨 말씀이세요?" 놀란 마음에 아버님 이야기를 들어보았습니다.

아버님은 1주일 전에 혼자 시골집에 가셨다고 합니다. 그런데 잠결에 루루의 방울 소리가 들렸다고 해요. 루루는 걸음걸이가 유난히 조용해서, 발에 밟히거나 부딪히는 일들이 있어, 평소에도 방울 목걸이를 하고 있었거든요. 아버님은 밖으로 나가서, 루루의 이름을 불러 봤지만 늦은 밤 시간에는 아무것도 없었습니다. 심란한 마음에 밤잠을 설친 아버님, 다음 날 툇마루에서 조용히 시간을 보내고 있는 중 주변 친지가 방문했습니다. "형님, 나 여기 오다가 루루랑 비슷한 고양이를 봤어", "그게 어딘데?"

작은 얼룩 고양이가 보였다는 깨밭 앞에서 아버님은 "루루." 하고 이름을 불러봤습니다. 그런데, 정말로 깻잎 줄기 사이로 작은 아기 고양이가 "야옹." 대답하면서 나타났습니다. 아버님은 반가운 마음에 아기 고양이를 안고 집으로 들어 왔습니다. 그리고 찬찬히 아기 고양이를 살펴보니 루루처럼 앞머리 가르마 무늬가 절반으로 나뉘어 있었고, 눈의 색깔을 보니 생후 3개월이 아직 되지 않았을 어린 아이였습니다. 심지어 루루는 어린 시절에 밖에서 다른 고양이에게 해꼬지를 당해 꼬리 끝이 휘어 있었는데 이 아기 고양이의 꼬리도 꺾여 있는 게 아니겠어요?

'하늘이 우리 루루를 돌려보내 준 건가?'라는 생각도 잠시…, '아니야, 루루 보낸 지 얼마 되었다고, 고양이를 들일 욕심을 내다니….' 하는 후회에, 아버님은 살포시 현관문을 열어 두었다고 합니다. 아기 고양이가 스스로 판단해서, 원래 있던 곳으로 돌아갈 수 있도록 말이지요. 하지만 루루는, 아니 루루를 닮은 아기 고양이는 계속해서 집에 머물렀을 뿐 아니라 가끔 시골집에 놀러온 루루가 주로 쉬던 장소에서 휴식을 취했습니다.

　결국 아버님은 루루를 닮은 아기고양이와 서울 본집으로 돌아왔습니다. 아기 고양이는 루루가 평소에 했던 것과 같이, 엄마를 유난히 쫓아다니며, 엄마의 품에 코를 박고 잠이 들었습니다. 루루가 화장실을 다녀오면 모래 정리를 잘 하지 않는 습관까지 닮아 있었습니다.

　아기 루루는 가족을 다시(?) 만나서 행복한 시간을 보내고 있습니다. 루루가 정말 돌아온 것일까요? 흰색

바탕의 검은 얼룩을 가진 노란 눈의 고양이를 우린 종종 만나게 됩니다. 루루가 처음 발견된 지역이라, 어쩌면 두 루루는 유전적으로 혈통이 같을 수도 있을 겁니다. 아기 루루가 이전의 루루처럼 사람을 잘 따르는 것도 유전일 수 있습니다. 고양이들의 사람에 대한 친화도는 부계의 영향을 많이 받으니, 같은 아버지 혹은 할아버지를 두었을 수도 있겠네요.

하지만, 루루와의 추억을 정말로 소중하게 간직한 가족이었기에, 루루를 다시 만나게 될 수 있던 것 아닐까요? 돌아온 루루가 이번에는 좀 더 오래도록 건강하고 행복하게 가족들과 함께 하기를 기도해 봅니다.

에필로그

저의 순돌이를 떠나보낸 지 이제 1년이 넘어가고 있습니다. 여러분께 반려동물과의 사별에서 마주치는 감정들, 애도하는 방법과 상실감과 슬픔으로부터의 치유를 이야기한 제가 이별의 아픔에서 벗어났는지 궁금하신가요? 순돌이에 대한 저의 그리움은 아직도 진행 중입니다. 반복되는 일상에서 간혹 순돌이를 잊고 지낼 때도 있지만 순돌이와의 추억은 앞으로도 내내 제 마음속에 있을 것입니다.

제가 펫로스에 대한 이야기를 여러분과 나누기 위해 글을 쓰고 있는 지금, 거실 한쪽에서는 금붕어 한 마리가 한가로이 수조를 오가고 있습니다. 우리집 금붕어는 입술 쪽에만 빨간색 무늬가 있어 마치 립스틱을 바른 것 같습니다. 이름은 '백설공주', 지인이 관상어 매장을 방문할 때 따라갔다가 만났습니다. 당시 백설공주는 옆구리에 상처가 있었고 움직임도 둔했습니다. 안쓰러운 상황의 동물들을 마주하는 경우가 있어도 모든 순간에서 적극적일 수는 없습니다만, '이 아이는 내가 돌봐줘야 해'라는 목소리가 마음속에서 울렸습니다. 그렇게 우리는 새로운 인연이 되었습니다.

순돌이와 생활했던 다른 동물 가족들도 소개해야겠군요. 우리집 최고참 반려견은 '누아'입니다. 누아는 2009년 차가운 겨울비가 내리던 밤, 제가 근무하던 동물 병원에 유기된 아이입니다. 상자와 함께 버려진 작고 까만 치와와 누아는 자신을 꺼내기 위해 내민 제 손을 깨물고는 자신도 놀랐는지 소변을 지렸습니다. 놀라서 크게 뜬 까만 눈에는 슬픔이 느껴졌습니다. 동물병원에 동물이 유기되거나 유기된 동물을 구조해서 데려오는 경우는 종종 있는 일입니다만 대부분은 동물구조센터로 보내집니다. 그러나 그 슬픈 눈 때문에 누아를 동물구조센터로 보낼 수 없었고, 이미 나이가 적지 않아 보였던 누아는 낯선 사람에게 친화적이지 않았기 때문에 결국에는 저의 가족이 되었습니다.

저는 누아를 구했지만 누아도 저를 구했습니다. 오랫동안 준비했던 동물 병원 개원 과정에서 사기를 당하고 주변으로부터 외면당했던 힘든 시기, 우울감에 짓눌려 잘못된 선택까지 생각했던 순간 아장아장 제게 다가와 저를 올려다본 누아의 눈망울은 몇 년 전 처음 만났을 때의 슬픔과 걱정을 담고 있었습니다. 덕분에 저는 살아갈 수 있는 용기와 희망을 얻었고 지금 이렇게 여러분들과 반려동물과의 사랑과 추억에 대한 이야기를 나누고 있습니다. 제가 누아를 가족으로 맞이하지 않았다면, 과연 일어날 수 있는 일이었을까요?

누아 말고도 3마리의 반려견이 있습니다. 올해 10살이 되는 푸들 '멜로디'는 멜로디의 엄마를 진료했던 인연으로 저와 만나게 되었고, 집에서 가장 의젓한 말티즈 '리듬이'는 지하철역에서 만나 입양했습니다. 막내인 '에이든'은 펫샵에서 새로운 가족을 기다리는 강아지였는데, 제가 근무하는 동물 병원에서 치료하고 입원하는 동안 정이 들어 가족이 되었습니다.

반려묘도 두 마리 있습니다. 올해 14살이 된 '주황이'와 13살인
'꼬맹이'입니다. 주황이는 제가 수련을 받던 동물 병원에 맡겨
진 엄마 잃은 아기 고양이로 저와 가장 오랜 시간을 함께했습
니다. 꼬맹이는 지금 제가 다니는 직장에서 10년이 넘게 근무
(?)하고 있던 친구로, 나이가 들면서 가정에서의 보살핌이 필요
할 것이라는 여러 직원의 의견을 모아 은퇴와 함께 저의 가족
이 되었습니다.

많은 분들이 많은 반려동물과 한 집에서 생활하는 것이 힘들지
않느냐고 질문하곤 합니다. 솔직히 말하자면 잠깐씩 힘이 들 때
가 있습니다. 간혹 나 자신의 삶도 버거울 때면 불안해져 이 아
이들을 마지막까지 책임질 수 있을지 스스로에게 물어보기도
합니다. 더욱이 7마리의 반려동물과 생활하고 있다는 것은 앞

으로 7번의 이별이 예정되어 있다는 것과도 같습니다.

그러나 이들이 전해 주는 마음의 위안과 서로 나누는 교감을 통해, 저는 세상으로 나아갈 힘을 얻고 있습니다. 제 삶도 더 가치 있게 되었습니다. 언젠가 이들과 헤어진다고 하더라도 함께했던 시간과 추억은 제 마음속에 늘 소중한 추억으로 남아 있을 겁니다.

반려동물의 마지막을 지켜준 당신, 반려동물을 떠나보내는 것이 못내 아쉬운 당신, 꿈속에서라도 다시 한번 만나고 싶어 하는 당신은 진정 따뜻한 마음을 가졌으며, 순수한 감정으로 사랑을 나눌 수 있는 사람입니다. 그러므로 당신과 함께했던 그들은 당신에게 깊이 고마워하며, 당신의 사랑을 간직한 채 떠날 수 있었을 겁니다.

반려동물과 함께했던 하루하루의 일상, 심지어는 이별의 순간까지도 아름다운 추억으로 남겨 주세요. 그리고, 그들을 떠올리며, 들려주세요.

사랑한다, 사랑한다.
사랑한다.

1994. 1. 11(발견된 날) ~ 2018. 11. 21

"순돌아 사랑하고 사랑한다."

펫로스
사랑한다
사랑한다
사랑한다

초판 1쇄 2022년 12월 23일
개정판 4쇄 2025년 1월 31일

지은이 심용희
발행인 채종준

출판총괄 박능원
책임편집 유 나
디자인 서혜선
마케팅 문선영 · 전예리
전자책 정담자리
국제업무 채보라

브랜드 크루
주소 경기도 파주시 회동길 230(문발동)
문의 ksibook13@kstudy.com

발행처 한국학술정보(주)
출판신고 2003년 9월 25일 제406-2003-000012호
인쇄 북토리

ISBN 979-11-6801-981-2 03180